告別無效努力！

什麼樣的「堅持」

避免無效消耗
跳脫錯誤循環
專注有價值目標

石兵 著

比起全力衝刺，「找對方向」是更重要的事！

人類所擔憂的關於未來的不幸事件，95％都不會發生！
錯誤的「堅持」，產生人生負價值？
請停止「無效努力」，找到屬於你的成功捷徑！

從跌落神壇的Nokia到難民出身的約旦王后，
上百篇關於「人生方向」的生命啟示！

目 錄

■ 前言

■ 第一章
不是所有堅持都正確，勝負的關鍵在於選對方向

被拉下神壇的 Nokia …………………………012
方向錯了，再努力也沒有用 …………………018
我是最會唱歌的主持人 ………………………025
炸死關羽的「三顆雷」…………………………028
錯誤的堅持，產生人生負價值 ………………032
東施效顰注定失敗 ……………………………035
霸王項羽究竟輸給了誰 ………………………038
官渡之戰：一手好牌打成了爛結局 …………042
方法不對，努力也沒用 ………………………046
不知變通，刻舟也求不了劍 …………………050
是誰殺死了呂布 ………………………………053
自我欺騙的最高境界：掩耳盜鈴 ……………057
魚和魚缸有關係嗎？ …………………………060
淘汰是為了迎接新的開始 ……………………064
放棄無意義的堅持 ……………………………067
考零分進北大的羅家倫 ………………………070

目錄

第二章
堅持不意味著因循守舊，
與眾不同的道路成就與眾不同的人生

生日蛋糕上的辭職信 …………………… 074

「惡搞」出來的商機 …………………… 077

「熱舞交警」的成功祕訣 ……………… 080

不浪費的飯店 …………………………… 083

把家具店開到顧客家裡 ………………… 086

玩遊戲抓罪犯 …………………………… 089

請你上「床吧」 ………………………… 092

流行歌手當總統 ………………………… 095

酷酷地去賺錢 …………………………… 098

垃圾的無限可能 ………………………… 101

流浪漢成為氣象先生 …………………… 104

那些「奇葩」辦公室 …………………… 107

用詩歌治病的德國人 …………………… 110

第三章
選擇有意義的堅持，讓自己成為人生「不倒翁」

婁師德的處世法則……………………114

魯智深的「智慧生存」……………………117

一扇神奇的玻璃門……………………120

先放下背上的那座山……………………122

別讓光芒遮住雙眼……………………124

高手善用「折射」……………………126

九十分勝過一百分……………………129

老拳王的絕招……………………131

起點不決定終點……………………133

莫在倦時離場……………………135

找到適合自己的人生助力……………………137

小選單裡大商機……………………139

掏心比掏錢難……………………142

時光之河，澆灌優雅之花……………………145

最近之處是天堂……………………148

唯有心懷天地，才能無私……………………152

目錄

第四章
堅持也講智慧，職場中要多替自己的大腦儲值

你不低調，堅持做到死也沒用……………………156
害你的，從來不是別人………………………………159
厭了？倦了？好巧，我也是…………………………163
我的「敵人」成就了我………………………………166
比起不明就裡的努力，找準定位更重要……………168
做一顆職場解藥………………………………………170
人只能往上走嗎？……………………………………173
管得那麼寬，上級不喜歡……………………………176
拚「後臺」，一定能成功？…………………………178
少說「不知道」………………………………………180
極端的「加速」，除了疲勞什麼都得不到…………182
理直氣壯地去求職……………………………………185
輸了口舌，贏了心……………………………………187
感謝大嘴巴，賜我一顆大心臟………………………189
職場不倒翁：智慧比努力更重要……………………191

第五章
為人處世，要圓融通達，
該堅持的堅持，該捨棄的捨棄

「最昂貴錯誤」的背後……………………196

埃蒙斯的最後一槍……………………199

郭台銘的多面人生……………………202

梅克爾的智慧……………………206

被女友窮養的格鬥之王……………………208

善待那些垃圾……………………211

天使帶我回人間……………………214

請你帶孩子來上班……………………218

每面牆上都有一扇窗……………………221

放下過多的遠慮……………………224

追上那個走得慢的人……………………226

追逐白雲的人……………………229

「騙出來」的麵包王子……………………232

最囧的精明……………………236

走不出陰影就看不到光……………………239

目錄

第六章
換種方式去堅持，往往會事半功倍

把醫院變成童話城堡……………………244

鯊魚苗吃掉大鯊魚………………………248

開拖拉機的總統…………………………252

「抱怨」的妙用……………………………255

最好的獵手………………………………257

推銷生命的天使…………………………260

寬廣的胸懷最細緻………………………263

楊絳的至簡人生…………………………266

吳佩孚的才情與個性……………………268

谷底決定高度……………………………271

甘作「鬥犬」的大人物……………………274

世界上最美的書店………………………277

清洗海洋的少年…………………………280

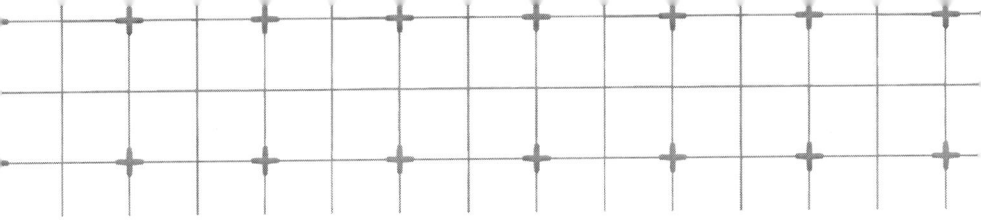

前言

　　堅持，究竟是一種美德，還是一種桎梏？選對了方向的堅持會讓人生熠熠生輝，選錯了方向的堅持則會將人生推入冰冷黑暗的死路。每個人都渴望成功，渴望實現人生價值，但現實情況卻是很多人倒在了堅持的道路上，那麼，怎樣才能讓堅持變得更有意義呢？這取決於一個人是否走在正確的道路上，取決於一個人是否擁有面對錯誤及時改正的自省與智慧。

　　這不是一本傳統意義上的勵志書籍，書中的故事更貼近生活與現實，更注重心靈與生命本身，它將成功與財富等關係進行了更深刻的解析，力圖對一個人堅持自己理想的結果與意義進行更深層次的探討，為生命價值烙上個性印記。本書選取的 100 餘篇文章均有其獨特的視角，值得讀者一讀再讀，並在反覆的閱讀中得到獨特的體驗。相信在閱讀本書的過程中，大多數讀者都會產生共鳴，得到一些領悟。

　　本書選取的 100 餘篇文章，既有成功人士不為人知的曲折經歷，又有普通人都會遇到的職場故事，還有成功企業脫穎而出的經營智慧，以及各界人士親身經歷的處世經典；內

前言

容涉及古今中外各行各業，文字通俗易懂，情節引人入勝，均為作者近年來在各大報刊發表的作品，在讀者中有很大的迴響。本書力求透過引人入勝的故事與點石成金的智慧，讓每一名讀者都能了解到什麼才是真正有意義的堅持，什麼才是必須咬緊牙關勇敢面對的堅持，什麼才是面對無意義的堅持時的正確做法。希望讀者透過閱讀本書，在生活或是職場中多一些領悟和體會，少一些迷茫與彷徨，真正實現自己人生的價值。

第一章
不是所有堅持都正確，
勝負的關鍵在於選對方向

不是所有堅持都可貴，堅持的方向錯了，前進就是倒退！一個人能否獲得成功是由諸多因素共同決定的，堅持打拚只是其中的一個因素，勝負的關鍵在於是否選對了方向。

第一章
不是所有堅持都正確，勝負的關鍵在於選對方向

被拉下神壇的 Nokia

如今，當所有人都對一款新推出的蘋果手機趨之若鶩時，還有多少人能記起 Nokia 這個名字呢？事實上，在 21 世紀之初，Nokia 在手機市場上幾乎是神一般的存在，「科技以人為本」的口號更是響徹全球。自從 1996 年以來，Nokia 曾經連續 15 年占據全球手機市場占有率第一，2007 年，Nokia 已累計售出 4.4 億部手機，其市場占有率更是達到了創紀錄的 46%，簡直可以輕鬆碾壓其他任何手機品牌。

Nokia 的「斷崖式跌落」在當時的手機使用者看來幾乎是不可能的，但現在回過頭來看卻會發現，它的墜落其實是從它最輝煌的巔峰開始的，或許是萬眾矚目的光芒讓公司高層們有些不可一世，也或許是龐大的銷量與遠超對手的市場占有率讓公司高層有些不思進取，但是有一點毋庸置疑，Nokia 自身故步自封、墨守成規的陳舊發展模式才是其失敗的根源。這一點，從他們對於競爭對手的輕視態度就能一目了然。

2007 年，伴隨著 Nokia 走上「神壇」，第一代蘋果智慧型手機也低調面世了。賈伯斯在產品釋出會上暢想了關於未

來智慧型手機的美好前景,但 Nokia 高層們根本沒有正眼相看,反而冷嘲熱諷地說:「賈伯斯先生最好還是先把品牌知名度轉化為市場占有率,然後再去談論未來吧。」緊接著,安卓系統智慧型手機也來了,三星、HTC 都因使用了安卓作業系統而在手機市場上聲名鵲起。此時,手機觸控式螢幕時代到來的趨勢已經不可逆轉,但是 Nokia 卻依然固守著老舊的 Symbian 作業系統。雖然 Nokia 聲名顯赫,是一代人的美好記憶,但市場是殘酷而現實的,很快,幾乎所有的手機使用者都毫不猶豫地選擇了更為便捷更加人性化的智慧觸控式螢幕手機。

兵敗如山倒,Nokia 市場占有率很快就從 2007 年的 46% 迅速下降到 2011 年的 25%,被蘋果公司和三星公司雙雙超越。但直到此時,Nokia 公司依然端著「老大」的架子,雖然他們也知道自己確實應當進軍智慧觸控式螢幕手機市場了,但卻沒有選擇與經過市場洗禮的擁有成熟安卓系統的 Google 公司合作,而是選擇了主業並非智慧型手機業務的微軟公司作為合作夥伴。這次的選擇讓 Nokia 管理層的固執與自大本性一覽無遺,局外人一眼就能看明白,Nokia 選擇作業系統的理由不是看重技術或品質,而是看重是否能成為領導者,這與他們恃寵而驕的「老大」心態十分吻合。在 Nokia 管理層看來,選擇安卓系統,做得再好也只是 Google 最大的代工廠

第一章
不是所有堅持都正確，勝負的關鍵在於選對方向

商而已，說得不好聽點就是 Google 的「超級打工仔」，而選擇微軟，則可以建設另一個手機系統生態圈。但是，與微軟合作以來，其手機作業系統的開發進度卻遠遠落後於安卓系統，智慧型手機軟體應用更新緩慢，配置低且售價昂貴，終於，無數堅定粉絲失去了對 Nokia 的最後一點耐心和幻想。至此，Nokia 的錯誤堅持已經讓它的失敗定局無可挽回。

2013 年 9 月 3 日，微軟以 71.7 億美元併購了 Nokia 手機部門，輝煌多年的 Nokia 手機徹底倒下了，這時，Nokia 的市值已從巔峰期的 3,030 億美元跌至 71.7 億美元。

2016 年 10 月，曾經帶領 Nokia 登上巔峰的前 CEO 約爾馬・奧利拉（Jorma Ollila）出版了回憶錄《排除萬難》，書中記錄的一件小事讓所有人明白了 Nokia 最終沒落的原因。

書中記錄，2007 年第四季度，諾基亞在全球市場占有率超過 40%，牢牢占據了榜首的位置。正是在這萬眾歡呼信心爆棚的時刻，多年來默默無聞的蘋果公司推出了全球第一款全觸控式螢幕智慧型手機 iPhone，當時，奧利拉曾召集 12 名高層主管開會，詢問他們對 iPhone 的看法，其中兩人認為 iPhone 不構成嚴重威脅，另外 10 人覺得不能低估 iPhone。不過，這次談話卻沒能讓奧利拉帶領 Nokia 衝出 iPhone 的「包圍」。他在書中直言：「即使公司已經意識到了蘋果公司帶來的威脅，但仍難扭轉命運。」

究其原因,奧利拉說:「我們都知道問題所在,但內心深處卻無法正視現實。公司的大型計畫仍在持續進行,唉,當我們應該關注長遠前景時,卻只是按部就班檢討了下一季度的銷售預測,可以說,正是我們錯誤的堅持害了自己。」

由於 Nokia 的高銷量任務和以業績為中心的管理體制,高層管理者非常擔心外部環境的變化會導致他們的季度目標不能實現。儘管他們意識到了自己的手機需要一個比當時的 Symbian 系統更好的作業系統,以此來和蘋果競爭,也知道研發需要數年,但卻害怕在當時公開承認 Symbian 技不如人,擔心會被外部投資者、供應商以及消費者認為是「失敗者」,從而被他們拋棄,因此沒有人想要對可能出現的壞消息負責任。

在蘋果公司,高層都是工程師,而在 Nokia 公司,高層把一切只當成是做生意,只用數據來證明誰是英雄誰是狗熊。事實上,蘋果公司在軟體工程師驅動下一路向前,有著高超的技術作為後盾,而當時的 Nokia 高層卻沒有真正懂軟體的人,這也導致 Nokia 最終把注意力和資源不成比例地進行了分配,大力投資短期市場,大量製造手機設備希望保持市場占有率,而對從長遠來看可以與蘋果公司相搏的作業系統開發不夠重視,再加上 Symbian 系統操作問題頻繁出現,最終引起了使用者的反感。

第一章
不是所有堅持都正確，勝負的關鍵在於選對方向

曾幾何時，Nokia 也有著十分厲害的研發火力、技術能力和遠見，它的專利年收入在 6 億美元左右，並且由風頭正勁的對手蘋果、三星支付，但 Nokia 最終卻沒落了。

事實上，Nokia 並非沒有機會延續自己的輝煌。2007 年，Nokia 曾率先在全球推出行動網路，這比蘋果早了一年，但是 Nokia 的故步自封再次毀了自己。雖然 Nokia 已經發現網際網路將是未來的大方向，但公司高層卻拒絕開放合作，而是試圖產業鏈通吃，不惜花費巨資收購導航軟體企業、地圖企業，甚至相關的營運網站。這種整條產業鏈通吃的模式並未增強 Nokia 在網際網路世界的競爭力，反而因為管理層的技術弱點變成了桎梏。在砸了 150 億美元的巨資後，Nokia 網際網路策略宣告失敗。無獨有偶，其實早在 2004 年，Nokia 內部就開發出了觸控技術，甚至是當今火熱的 3D 技術。Nokia 擁有著最龐大的研發資源，本該迅速將技術轉化為手機戰場上的「武器」，但管理層卻認為，這塊市場還太小，沒人會買，反而要花太多成本，得不償失。後來，直到蘋果手機推出一年後，Nokia 才推出第一款觸控技術的手機，要知道，這時候 Nokia 掌握觸控技術已經好幾年了。

回顧 Nokia 的失敗過程，可以發現，Nokia 最大的失敗之處就是沒有順應潮流與時俱進，沒能真正地去考慮使用者的需求和市場執行規律，沒有保持自身的活力與創新機制，

反而不斷浪費使用者對自己品牌的信任度,堅持以為品牌優勢可以戰勝功能優勢與價格優勢,這直接導致了 Nokia 被市場與使用者拋棄。在網際網路時代,Nokia 沒有及時跟上,這絕不能僅僅歸結於運氣不夠好。

　　回想一下,當「科技以人為本」變成「科技以換殼為本」,當在講求體驗、比較軟體的時代依然只想依靠品牌優勢獲勝,當用低端的配置再加上高昂的價格,且 Nokia 堅持這樣的策略不動搖,其市值從輝煌期的 3,030 億美元降到如今的不足 100 億美元便不足為奇了。Nokia 的失敗,可以最終歸咎於堅持了錯誤的方向,逐漸喪失了對外部競爭的免疫力,變得越來越脆弱,最終一敗塗地。

第一章
不是所有堅持都正確,勝負的關鍵在於選對方向

方向錯了,再努力也沒有用

　　1984 年聯想成立了,成立不久後,聯想推出了一款產品叫做「聯想式漢字系統」,當時的電腦是沒有漢字的,插上這個漢字系統之後電腦就可以以漢字模式使用。聯想憑藉漢字系統開始做代理,逐漸累積了資金,同時也懂得了怎麼去辦企業。1980 年代正處於計劃經濟時代,對現代企業的概念剛剛了解,所以聯想在做代理的過程中,向外國企業學習到了很多做企業的基本知識。當代理越做越大之後,聯想下定決心要做出自己品牌的電腦。

　　這個決定對聯想來說是一個非常重要的轉折。其實當時聯想繼續把代理做大的話,可能會賺很多的錢,但到了 90 年代,這個代理企業就會滅亡。所以當時聯想決心突破,但是突破有著種種困難,最大的就是政策性的困難,在 80 年代,聯想想生產自己品牌的電腦,但當時生產電腦是要有許可證的,這一關把聯想卡住了。

　　但不久聯想採用了另一個方法。聯想拿到了幾張多次往返香港的通行證,然後在香港開了一間生產小作坊。因為在香港是不需要許可證的,有了這個作坊之後,聯想投入大量

財力，生產出了電腦的主機板，後來拿到了拉斯維加斯的電腦展覽會上展覽的時候，聯想作為一個小「攤位」，被相關部門看中。那時候的聯想一年已經可以賣兩三千塊主機板，聯想就這樣拿到了生產許可證。

做代理賺了很多錢以後，聯想有了樹立自己的品牌的想法，當時聯想代理的電腦叫做 AST。AST 當時在中國是最大的電腦品牌，但是讓聯想顧慮的是，如果做自己的品牌，AST 公司能否讓他們繼續做代理，這個非常重要。聯想也怕一腳踩空，自己的電腦品牌做不起來，那邊的代理權也會失去。後來經過很多次的談判，最後聯想繼續做 AST 的代理，同時又可以做自己的品牌。

到了 1994 年前後，中國知道了 IP 電腦系統、資訊化系統對各行各業的重要性，因此把進口許可證取消了，隨之而來的是電腦進口關稅大大降低，國外電腦大批湧入中國。各行各業的資訊化建設一夜之間蓬勃發展起來了，但是對於電腦行業而言，無疑是一次打擊。當時中國電腦的領頭羊在 1993 年，僅一年時間就被打垮了，當時在聯想看來，危機既是機遇又是挑戰，聯想趁此機會做出許多努力，使得品牌可以堅持下來繼續發展。在 2000 年的時候做到中國第一品牌，而且遙遙領先於其他的外國公司，2005 年的時候併購了 IBM PC，這在全世界人眼中簡直是蛇吞象，在完全不可能的情況

第一章
不是所有堅持都正確，勝負的關鍵在於選對方向

下聯想做到了。併購 IBM PC 的時候，聯想電腦的營業額是 30 億美元，IBM 是 100 億美元，併購成功之後經過若干的整合，聯想在電腦方面的營業額是 480 億美元，而且這個利潤也超過了當年利潤的 6～7 倍。富貴確實是險中求，如果沒有抓住機遇，沒有勇於擁抱變化，聯想可能早已不復存在。

2012 年 6 月，經歷了完美復出之後再一次選擇退居幕後的聯想集團董事局名譽主席柳傳志接受了一次專訪，他意味深長地說了一句話：「重要的是把方向弄對，方向錯了，再努力也沒有用。」

身為全球 CEO 發展大會聯合主席和「全球 25 位最有影響力的商界領袖」之一，身為企業家代表性人物，柳傳志的所言所行、所思所想，總是備受關注，他將「方向」二字置於如此重要的位置，足以看出他對於掌握方向的重視程度。而事實上，柳傳志也正是因為緊緊掌握住了正確的方向，才一手建立了「聯想王國」，也正是因為認清了未來的發展方向，他才能在聯想集團出現危機之後再次復出力挽狂瀾，讓企業回到了正確的道路上。

柳傳志在復出之後曾經說：「聯想集團的目標和方向一直是非常堅定的，就是要成為一個國際性的企業。但是在這個路途上，全球的經濟狀況發生了重大變化，聯想走這條路的時候要調整步伐。」

這就是柳傳志的一貫作風，確定好大方向，細節上精益求精，隨時做出有效的調整。在他眼裡，大方向和小細節是有主次之分的，如果大方向選錯了，小細節做得再好也無濟於事；大方向選對了，小細節有些瑕疵則還有補過的機會。更為重要的是，柳傳志認為，大方向與小細節並不矛盾，兩者是互相推動的，大方向確定好了，細碎的工作才能被打上明確的標籤，小細節做好了，大方向上行進的速度才會加快，那些點點滴滴的努力才會突顯出價值。

　　這就是柳傳志對於方向的態度，也是他認為的努力與堅持的價值與希望所在，事實上，柳傳志的這句話不僅僅適用於一家企業的經營發展，更是可以涵蓋生活中的各方面。

　　柳傳志曾經講過這樣一個故事，他有個同學的女兒剛上小學就被體育學校看中去練游泳了，在當時那個年代，被體育學校看中很不容易，是種很高的榮譽。以後的每一年，這個小女孩都要經歷一次選拔，每一次成功入選後，柳傳志的同學都要向大夥炫耀一次。這樣一直到了四年級，同學說，如果這次還能被選中的話，家裡就能得到補貼。那個年代物質條件很匱乏，所以朋友的話讓大家都很羨慕。後來小女孩經過選拔真的進入了游泳隊，家裡也得到了補貼，但是這個時候問題也漸漸出現了，她游泳成績總是上不去，而由於只專注於訓練而荒廢了學習，她連當教練的能力也沒有，最後

第一章
不是所有堅持都正確，勝負的關鍵在於選對方向

就被淘汰回家了，一事無成。按理說，小女孩的父母都是工程技術人員，受教育程度很高，小女孩在其他方面的資質也還不錯，但最後怎麼會是這個結果呢？原因就是她的父母被這個選拔的過程給牽著跑了，一次次透過選拔拿到補貼，沉醉在大家的誇獎聲中，就糊里糊塗地把這條路當成唯一的正確的路了。

故事中，小細節打敗了大方向，小成績打敗了整個人生的規劃，這就是典型的把「術」當成了「道」。「術」只是一種技能，是一項細節，是一種短期行為；而「道」則是眼光，是大局觀，是策略，沒有把握住趨勢的變化，沒有認準大方向，難免會釀成苦果。試想一下，如果柳傳志的這位同學一開始就想清楚什麼才是最重要的，然後把不符合這些的東西都幫孩子去掉，孩子就不會稀裡糊塗地沉迷在一次次選拔的成功中，而迷失了對於孩子來說最重要的成長方向。

方向錯了，再努力也沒有用。這個方向是大方向，關乎一個人一生的命運，關乎一個企業的生死存亡，也關乎整個社會的良性發展。那麼，我們怎樣才能知道哪個方向才是正確的方向呢？

螃蟹身強力壯一味橫行卻只向著一個錯誤方向狂奔，縱然只距離河水幾公尺遠近，終其一生也找不到賴以生存的水源，只能在無謂的奔跑中將生命消耗殆盡；魚兒身輕力微卻堅持逆

流而上,雖然阻力重重但從未退縮,因為牠們知道上游的溫度、環境和氣候更適宜魚卵發育,知道在形成逆流的匯口處有著豐富的食物並且水的含氧量也較高,更加適合自己生存與繁衍後代,所以才會不惜一切逆流而上。可以看到,螃蟹和魚兒都是在堅持,也都非常努力,但卻因為選擇的方向一對一錯而得到了截然不同的結果。究其原因,就是因為螃蟹只知找水卻不知水在何處,一味向著錯誤的方向發力,而魚兒卻知道逆流處雖然水急浪大,卻有著自己一直尋找的東西。

方向是如此重要,而選擇方向則需要智慧與自省。美國波音公司總裁曾說過一句話:「做我們做得最好的。」這句話也可以解釋成「做我們最適合的」。試想一下,如果讓馬兒在天空練習飛翔,如果讓鳥兒在水中苦學游泳,如果讓魚兒在陸地上縱情奔跑,縱然牠們有著視死如歸的決心和一往無前的勇氣,最終的結局也只能是徒勞一場而已。

身為一個有思想有理想的現代人,選擇一個適合自己的方向再去努力是人生成敗的關鍵,而認準了方向之後,還要有著堅定執著的毅力和隨機應變的智慧,可以短暫停留但要堅守內心的方向,可以隨物賦形但要恪守處世的準則。因為,在大方向之中還有著無數的小方向,小方向周圍還有著無盡的迷霧與誘惑,荊棘與鮮花並存,餡餅與陷阱難辨,每一步方向的選擇都是重中之重。

第一章
不是所有堅持都正確，勝負的關鍵在於選對方向

柳傳志說：「環境變化了，新的趨勢在湧動，你要是還執迷不悟，肯定是行不通的。方向要是沒弄對，光努力是不行的。你得想清楚了再做，想好了再說。沒把前面的東西想好，投錢下去就是打水漂。」

方向是如此重要，而如何抓住正確的方向則更是一種飽含哲理的智慧，這種智慧其實說起來也很簡單，就是要站得遠、看得清。要看清方向，就要登高望遠，就要站得高；站在高處看風景，還要看得遠，遠一些才能看到發展的態勢，才能從其中捕捉到趨勢的變化，不能陷在過程當中，而要跳出來。

柳傳志打了一個比喻，在看油畫的時候，退到遠一些的距離，才能看明白。離得很近，黑和白是什麼意思都看不清，退得遠點，就能明白黑是為了襯托白，才能知道整幅畫的意思。他打這個比喻的目的就是為了時時提醒自己要明白方向，不至於做著做著就糊塗了。

時時提醒自己不要迷失方向，時時審視自己的努力是否有堅持下去的意義，這句話就是堅持正確方向的唯一法則。

人生若波瀾，世路有屈曲，但志在山頂的人，不會迷戀山腰的風景。在漫漫人生中，選擇一定要放在努力的前面，因為只有專注地堅守願景，堅持方向，才能抵制住誘惑，才能抓住大方向，只有大方向不迷失，堅定地拋棄那些毫無意義的堅持，人生中所有的努力才會更有意義。

我是最會唱歌的主持人

1978年，16歲的他孤身一人來到臺北一家民歌餐廳以唱歌為生，懷揣音樂夢的他幻想著有一天能在這裡被伯樂相中，成為一名紅透華語樂壇的大歌星。

為了能唱好歌，他天天練嗓，學習樂理，還到處參加歌唱比賽。1980年，他獲得了與當時紅遍臺灣的歌手蘇芮一同參加對唱比賽的機會，並獲得了很好的成績，也開始有唱片公司接洽了他。可是，正當一切順風順水之際，他服兵役的時間到了，一年兵役過後，他復出唱歌，卻發現早已沒有人認得他是誰了。

他沒有氣餒，仍然堅信自己一定會成功，覺得自己只是運氣不好而已。1987年，他多方籌集資金，發行了第一張華語專輯《是不是這樣的夜晚你才會這樣的想起我》，但是投入市場後反響十分慘淡。面對這次失敗，他沒有被擊敗，而是依然選擇堅守歌唱舞臺，十年如一日苦苦等待，雖然歌唱事業依舊不溫不火，但他的唱功倒是得到了許多業內行家的認可。

皇天不負苦心人，1994年，他演唱的一首〈真心換絕情〉獲得第六屆臺灣金曲獎。他欣喜若狂，以為自己歌唱事

第一章
不是所有堅持都正確，勝負的關鍵在於選對方向

業的春天來了，但事實卻並非如此，他的知名度只限於很小的範圍之內，即使是在大陸和香港也很少有人知道他的名字，而更糟糕的是，他唱歌的收入微薄至極，甚至已經到了入不敷出的地步，沮喪之餘，他開始懷疑自己的堅持是否正確。在這個時候，一個嶄新的領域向他丟擲了橄欖枝。

臺灣某電視公司的一檔綜藝節目《諧星撞地球》看中了他另類的表達方式，邀請他擔任外景主持人。想多賺點錢的他立刻答應了，令人始料未及的是，這次機緣竟然造就了一位未來的綜藝主持明星。

擔任綜藝節目主持人之後，他看起來一本正經實則搞笑無比的主持風格令其知名度大增，很快，臺灣電視的王牌節目《超級星期天》與《天天樂翻天》紛紛邀他加盟，並且他還受邀加入了《我猜我猜我猜猜猜》節目主持群。

在這個起初並不被他重視的主持舞臺，他卻徹底展現出了自己的才華。他憑藉機敏滑頭的模樣、反應神速的頭腦、靈動多變的肢體語言，形成了獨特的搞笑主持風格，很快便擁有了無數粉絲，並在 2008 年獲得了第 43 屆金鐘獎娛樂綜藝節目主持人獎，成了當之無愧的臺灣綜藝主持第一人。

是的，他就是臺灣金牌綜藝節目主持人吳宗憲。如今，專注於主持工作的他早已被人淡忘了歌手的身分，但他自己卻從未忘記那段懷揣夢想的時光。

在第 24 屆臺灣金曲獎頒獎晚會上,吳宗憲久違的一展歌喉,帶來了一段閩南語歌曲串燒表演並大受歡迎,據說,這段演出是整個頒獎典禮收視率最高的環節。在接受採訪時,他用半開玩笑的口吻說自己是因為想賺更多的錢才放棄唱歌選擇綜藝主持行業的,並自稱是「最會唱歌的主持人」。或許他的話半真半假,但不可否認的一點是,在主持界,吳宗憲的搞笑風格是無人能取代的,而在歌壇,他只是一個風格單一的普通歌手而已。

試想一下,如果今天吳宗憲依然在堅持唱歌,堅持自己的音樂夢想,他會像現在這麼成功嗎?或許,對於吳宗憲來說,放棄那些無意義的堅持才是他真正走向成功的第一步。

第一章
不是所有堅持都正確，勝負的關鍵在於選對方向

炸死關羽的「三顆雷」

提起武聖關羽，沒有不知道的，他與「文聖」孔子齊名，忠義無雙，神勇無比，一生幾乎百戰百勝，唯在暮年之時，本駐守荊州四平八穩卻莽撞出兵強攻襄樊，結果一戰導致敗走麥城，最終還丟了性命。

其實，關羽智勇雙全，一生經歷過無數戰役，臨戰經驗十分豐富，敗走麥城多少有些讓人不可思議，但細細品讀武聖這最後一戰的過程，卻又覺得這雖是意料之外但又在情理之中。

建安二十四年（西元 219 年），劉備占領漢中，趕走曹軍，自稱漢中王，一直駐守荊州的關羽見劉備連戰連捷，也不甘人後，想立下些功勳向大哥邀功，便不顧荊州有著來自東吳潛在的威脅（事實上，東吳就是關羽駐守荊州的假想敵，關羽認為自己武力雄厚，不必在意潛在的威脅，這就是關羽為自己埋下的第一顆雷），決定親自起兵攻打曹操的屬地樊城。

最初，關羽的戰術並沒有錯誤，將兵馬分為兩路，一路留守荊州，一路出征樊城，兩軍始終首尾呼應，可以隨時支

援對方。很快,關羽便利用自己極強的戰爭能力,連打了幾場勝仗,還導演了一齣水淹七軍的超級好戲,重創曹軍,連斬對方幾員大將,一時間威震華夏,以至於曹操都打算遷都以避關羽鋒芒。

戰爭開始時,幾場小勝並沒有讓關羽沖昏頭腦,他深知自己的根還是荊州,不論前方獲取多大勝利,都要堅持留下部分精兵駐守荊州。但是,隨著自己節節勝利,特別是水淹七軍之後,地盤越來越大,兵力便有些不夠用了,而在這時,關羽骨子裡的驕傲也開始作祟,有了「調兵出荊州打下更大地盤」的野心。

這時,曹操一看形勢不對,決定聽取司馬懿的意見,與孫權結盟共同對抗關羽,而東吳孫權深知關羽如果擊敗曹操,下一個目標一定是自己,而且以關羽的戰鬥力,自己並無獲勝把握,於是兩人一拍即合同意結盟。雖然暗地結盟,但孫權表面上仍然若無其事,還故意派初次出山的陸遜取代大將呂蒙駐紮在離荊州最近的地方,並且讓陸遜假意恭維關羽,做出十足的示弱之態。此舉一出,關羽頓時放下心來,以為在自己威名之下,東吳絕不敢造次,而且陸遜乳臭未乾根本不足為懼,於是便不顧謀臣反對,執意抽走了荊州大部分守兵,全力攻打曹軍。(孤軍深入與後方不穩都是兵家大忌,卻被關羽一一忽略,此刻,關羽內心深處的盲目自信與

第一章
不是所有堅持都正確，勝負的關鍵在於選對方向

一意孤行便是為自己埋下的第二顆雷）

兵力增加後，關羽率軍打得上癮，卻不知道孫權已在暗中行動。孫叔命令呂蒙率軍襲取江陵，派蔣欽督水軍進入漢水，為了迷惑關羽，孫權軍隊將戰艦偽裝成商船，兵士扮為商人，晝夜兼程，準備直取荊州斷了關羽的後路。

其實這時，關羽仍有機會挽回局面，因為狡猾至極的曹操為了從中漁利，決定使用離間計，命人將孫權寫給自己的信件射入關羽營中，關羽見信後卻猶豫不決，不知信件是真是假。他一方面擔心荊州失守，一方面又不願放棄節節勝利的大好局面。（該當機立斷卻猶豫不決，該權衡利弊卻一意孤行，耽誤了撤退的最佳時間，這是關羽為自己埋下的第三顆雷）

正當關羽猶豫不決之際，吳軍終於露出猙獰面目，一舉攻占了荊州。此時，關羽軍隊的家屬大部分都留在荊州，聽聞荊州失守，頓時士氣低落，而這時曹軍也乘機大舉反攻，此消彼長之下，關羽大敗而逃。他知道荊州已失，只得敗走麥城，就是在麥城逃亡路上，關羽因為日夜兼程，連續數日未休息，十分疲累，結果被吳軍生擒，最終被斬於臨沮。

關羽死後，後人以「敗走麥城」比喻被逼入絕境，卻極少有人探究這個絕境究竟是被誰逼入的。事實上，關羽就是被自己埋下的這三顆雷逼進了絕境：決定出兵攻打曹操時不

顧荊州有東吳虎視眈眈,這是第一顆雷;節節勝利後又被東吳迷惑盲目相信自己,這是第二顆雷;得到孫權寫給曹操的結盟書信卻仍猶豫不決,這是第三顆雷。終於,第一顆雷爆炸,東吳占了荊州斷了自己的後路;第二顆雷爆炸,精兵家屬都在荊州使得在外戰鬥的士兵士氣低落、軍心潰散;第三顆雷爆炸,耽誤了安全撤退的最佳時間導致全軍覆沒。

更具諷刺意味的是,「炸死」關羽的這三顆雷全都是他自己埋下的,而點火的引子就是他的固執己見,可以說,正是關羽自己一步一步的錯誤堅持將自己逼入了絕境。

第一章
不是所有堅持都正確，勝負的關鍵在於選對方向

錯誤的堅持，產生人生負價值

　　古時候有一個鄭國人，有一天，他發現自己的鞋子壞了，便想去買一雙新鞋子，由於市集離自己的家很遠，一來一回要半天的時間，他就提前好幾天拿出尺，認真仔細地量了自己雙腳的尺碼，然後把量好的尺碼整齊擺放在自己的座位上。等到市集開張的那一天，鄭國人知道市集上人特別多，怕自己去晚了買不到鞋子，於是天一亮就急匆匆帶著盤纏趕往市集了，可等他滿頭大汗趕到市集來到鞋攤，根據自己喜歡的樣式和用料認真挑選好自己中意的鞋子，又一番討價還價定下價格之後，卻突然發現自己竟然忘了帶上尺碼。

　　鄭國人立刻返回家中拿尺碼，可因為路途遙遠，再加上他穿著一雙破鞋，走起路來很不舒服，行動異常緩慢。等到他再返回市集的時候，市集已經散了，最終他也沒有買到鞋子，只得悶悶不樂地返回家中。

　　在回去的路上，有人問他：「你為什麼不用自己的腳去試試鞋子？」鄭國人說：「我寧可相信量好的尺碼，也不相信自己的腳。」

　　鄭國人的回答令路人哭笑不得，他們問他：「你買鞋就是

為了給腳穿的，為什麼不相信自己的腳呢？」

鄭國人瞪著眼大聲回答：「別廢話了，誰買鞋不是先量好尺寸，再按尺碼買合適的鞋子呢？！」

路人一看這個鄭國人食古不化，只得強忍著笑意不再勸說他了。這就是著名的鄭人買履的故事，故事很簡單，道理很淺顯，這個鄭國人也從此成了人們的笑柄。但是在現實生活中，類似於鄭人買履這樣的事情卻是屢見不鮮。某些人只死守教條而不懂變通，某些人只會死讀書而不會活學活用，某些人盲目相信經驗卻忽視科學規律……這些人與這個鄭國人其實在本質上並沒有區別。現實情況是，這種人在世界上非常多。而且審視一下自身，你就會發現在自己身上也或多或少有著鄭國人的影子。

我曾在工作之初篤信勤奮就是一切成功的基礎，因此遇到一切事情都會全力以赴，碰到任何問題都會毫不猶豫地提出自己的觀點與意見，可時間久了，我發現自己漸漸被孤立了起來。究其原因，並不是因為我不努力勤奮，而是因為我總是固守「全力以赴不留餘地」的原則，卻忽略了職場中的規律，沒有認清自己在職場中的定位，行事只從自己的角度出發，從來不給別人留餘地，甚至還有幾次不經意間搶了本應是上司來說的話，而且我還不聽別人勸告，一味堅持自己所謂的原則。如此一來，「好大喜功」的評語落在了我的身上，

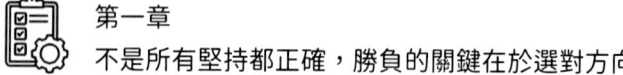

第一章
不是所有堅持都正確,勝負的關鍵在於選對方向

讓本身業務還不算精熟的我在公司裡成了眾矢之的,工作越來越難做,最後落得個自行辭職的下場。現在回想起來,那時的我跟買履的鄭人其實沒有什麼不同,只不過,他固守的是自己親手量的尺碼,而我固守的則是所謂的自己定下的不留餘地的工作原則。

事實上,鄭人買履,丟的不僅僅是自己的面子,更是自己存在的價值感,甚至會產生讓人輕視與嘲笑自己的負價值。試想一下,如果一個人總像這個鄭國人一樣,總是堅持死腦筋不知變通,固守所謂的準則不放,那麼,他生活的各方面都會受到影響,更可怕的是,他的思想也會變得越來越僵化,行動起來自然就會四面碰壁,最後難免落個被淘汰出局受人恥笑的下場。

東施效顰注定失敗

　　西施，本名施夷光，春秋戰國時代的越國美女，後世人一般稱其為西施。據說她天生麗質，氣質高雅，琴棋書畫無一不精，是中國古代四大美女之首，是美的化身和代名詞。

　　東施，是西施的鄰居，與西施一東一西毗鄰而居，長相奇醜，行為粗俗，自負傲慢，嫉妒心極強，因為眾人都讚西施美貌，東施心中對西施很不以為然，認為自己的相貌與才華都要遠遠勝過西施。

　　東施最看不慣西施的，就是西施的故作姿態。她常常看到西施舉手投足都故意將動作放慢，談話微笑也都刻意輕聲細語，可是，西施雖然這樣「故作姿態」，卻還是引來了眾人的「注目禮」，被眾人嘖嘖稱讚，這令東施十分嫉妒與不屑。

　　其實，東施也是個愛美之人，她也幻想著自己有一天也能像西施一樣得到眾人的讚美，於是，她常常變換各種樣式的衣服，梳理各種樣式的髮型，可是無論她怎麼絞盡腦汁梳妝打扮，卻始終無法得到別人的讚美，鄉人甚至連多看東施兩眼的耐心都沒有。

　　苦惱的東施更加嫉妒西施，於是，她每天悄悄觀察西

第一章
不是所有堅持都正確，勝負的關鍵在於選對方向

施，希望發現她被眾人讚美的祕密。

有一天，西施正在街上行走，突然心口痛的毛病犯了，她手捂胸口，雙眉皺起，流露出一種動人心魄的嬌媚柔弱的女性美。當西子捧心從鄉間走過的時候，所有的鄉人都被這個絕美的場景深深吸引，幾乎所有人都不約而同地放下了手中的工作，目不轉睛地看著緩緩行走的西施，一直到西施的背影消失良久，眾人才漸漸地緩過神來。

這時，在路旁悄悄窺視的東施看到了這一幕，她的心中狂喜不已，以為自己終於發現了西施的祕密，原來，捧著心皺著眉裝裝可憐就能變成美女，吸引眾人的目光啊。

第二天，東施穿上了與西施一模一樣的衣服，手捂胸口，緊皺眉頭，從村前走到村後，又從村後走回村前，一路上還哼哼唧唧裝作身患病症的樣子，很快，鄉人就發現了和西施穿著一樣衣服的東施，看到了她捂著胸口齜牙咧嘴的模樣，聽到了她令人心驚肉跳的沙啞嗓音，於是，鄉里的富人們馬上把門窗緊緊關閉，再也不敢開啟，鄉里的窮人們則馬上拉著妻子兒女遠遠躲開，唯恐離東施太近了會嚇哭孩子。大家看到這位怪模怪樣走來走去的醜女人就像見了瘟神一樣嚇得四散而逃。

東施在村子裡走了幾圈，發現村裡的路上只剩下她自己了，偶爾遠處有人對她指指點點，但她感覺出來那些人絕對

不是在讚美她。東施沮喪之極，但還是不明白，為什麼自己穿了和西施一樣的衣服，做著和西施一樣的動作，結果就是這麼冰火兩重天呢？

東施不知道的是，每個人都有各自不同的氣質與修養。西施相貌本就極美，再加上氣質出眾，自然是一顰一笑都惹人注目，而本來就相貌平平甚至醜陋的東施，根本搞不清西施能吸引鄉人目光的本質原因，只是一味觀察表象，還不甘心地非要與西施一爭長短，以己之短比人之長，盲目模仿，不倫不類，自然就淪為他人的笑柄了。

其實，如果東施安守平凡不去模仿西施，能夠安分守己做好自己的事情，也許還能得到鄉人的尊重，可她卻非要自不量力模仿西施，結果自然是被人譏笑了，可以說，東施臉上挨的這一記響亮的巴掌，完全是她自己湊上前去求人賞賜的。

這就是東施效顰的故事。故事告訴我們，不能盲目地去模仿別人，做任何事都要首先想到自身的條件，如果一味地模仿他人，不研究實質內容只效仿表現形式，結果只會適得其反。如果一個缺乏外在美的人，只從表面上模仿他人，結果只會變得更醜；如果一個不具備成功基礎的人，只是一味盲目地學習成功人士的行為和語言，只會讓自己成為笑話，這種毫無意義的堅持最終只會弄巧成拙害了自己。

第一章
不是所有堅持都正確，勝負的關鍵在於選對方向

霸王項羽究竟輸給了誰

西元前 202 年深秋的一天，面對滿目蕭瑟，耳聽四面楚歌，不可一世的楚霸王項羽在烏江邊長吁短嘆，在自刎之前，他仍然將自己失敗的理由歸咎於「時不利兮騅不逝」，嘆息這是時也命也，一副無可奈何的模樣。如果他此時能回想起在四年前鴻門宴上自己的搖擺不定，想起正是當初跪在自己面前搖尾乞憐的劉邦如今將自己逼入了絕境，不知道心中是否能有一些悔意與感悟呢？

時光不可逆轉，失敗同樣不可逆轉。回顧項羽的一生，成於霸氣，卻也是敗於霸氣。試問，一個只能享受勝利不能接受失敗的人，一個聽不見別人意見一意孤行的人，能靠自己的匹夫之力與固執之勇奪得天下嗎？很多人會說，項羽輸在當初不聽范增所言殺掉劉邦，但他們卻不知道，以項羽的固執與自大，即便沒有劉邦，也會冒出個王邦李邦，一樣能打敗他。

事實上，項羽絕非一介武夫，也並非有勇無謀，否則也不會有百戰百勝的戰績，也不會被人稱為「羽之神勇，千古無二」。但越是這樣的人中龍鳳，性格中便越有些固執甚至頑

固不化。其實,項羽有很多機會可以殺劉邦,絕非只有鴻門宴一次,可是每一次,劉邦都只是搖尾乞憐稍微示弱之後便能全身而退了。

先看鴻門宴,項羽四十萬大軍對劉邦十萬軍隊呈碾壓之勢,早已看出劉邦胸有大志的謀士范增要項羽必須殺掉此人。劉邦自知不是項羽對手,硬拚必敗,便選擇了主動示弱示好,並迅速把搶得的金銀珠寶原封不動送到了項羽營中,更說願意低頭稱臣奉項羽為關中王,此舉讓項羽心中的殺機頓時少了幾分。等到鴻門宴上兩人見面,劉邦所做的第一件事就是跪倒在地口稱臣子,這一跪更是將項羽心中的殺意變得搖擺不定,此時,項羽看著腳下的劉邦,覺得他不過是個自己可以隨意踐踏隨時宰殺的失敗者而已,而劉邦正是藉助項羽在殺與不殺之間的片刻猶豫,得到了假借如廁尿遁的救命良機。

再看滎陽之戰,西元前204年,項羽在范增的建議下,大軍出動圍攻滎陽,打算把劉邦消滅。劉邦非常害怕,採取陳平的計策,離間項羽和范增,散播流言說范增有反叛之心,項羽果然中計,剝奪了范增的權力,范增沒有想到項羽竟然會懷疑自己和劉邦有勾結,十分氣憤,於是告老還鄉,並在途中一病不起。可以說,范增之死真正打破了兩軍的平衡,強弱之勢開始逆轉,因為之前還有個聰明人范增在一旁

第一章
不是所有堅持都正確，勝負的關鍵在於選對方向

時刻提醒著項羽，如今只剩下了死腦筋的霸王，縱然兵強馬壯，卻不懂攻心只知砍殺，面對著老奸巨猾的劉邦，哪有不敗之理？

其實，儘管范增死了，但項羽依靠絕對的力量仍然可以打敗劉邦。接下來劉邦百戰百敗，節節敗退，眼看勝利在望，項羽自己卻又開始出昏招了，他竟然在兩軍陣前要求和劉邦單挑，劉邦自然不肯，還閉門不出不理項羽，項羽若是有智，只需圍困幾日，城中自然糧草不繼不戰而降，可大怒的項羽卻選擇了日日強攻，自損八百的同時，也給了與劉邦遙相呼應的韓信機會。一邊是劉邦堅守不出，一邊韓信率大軍從背後抄了項羽的後路，項羽腹背受敵，又糧草不繼兵困馬乏，只得與劉邦簽訂盟約，以鴻溝為界，中分天下。

項羽還在遺憾沒有徹底消滅劉邦，卻不知道在這個時候，雙方的力量已經發生了變化，項羽身邊既少了范增，又損了大批兵將，狡猾如狐的劉邦自然不會再一味示弱。養精蓄銳之後，劉邦立刻撕毀盟約，率領六十萬大軍，四面合圍楚軍，此時，元氣未復的項羽再猛也撐不住了，一路逃到烏江，最終自刎於江邊。

其實，一直到最後關頭，項羽依然有翻盤的機會，但骨子裡的狂傲與一意孤行還是害了他。當時，項羽完全可以聽從下屬建議，回到江東重整旗鼓，以圖東山再起，但他卻以

無顏再見江東父老為由拒絕了。一個承受不了失敗的人注定也不會得到最後的勝利。按照項羽的這個性格,如果他是劉邦,恐怕早已自殺無數次了。

事實上,項羽並沒有敗給劉邦,而是敗給了自己的一意孤行與婦人之見,敗給了自己的錯誤堅持導致一錯再錯。只是這份堅持帶來的教訓太過巨大與殘酷。

第一章
不是所有堅持都正確，勝負的關鍵在於選對方向

官渡之戰：一手好牌打成了爛結局

兩萬兵力對十萬兵力，四面楚歌對無後顧之憂，這就是官渡之戰前曹操與袁紹的力量對比與形勢差異，但是，官渡之戰的結果卻是袁紹慘敗，曹操則一舉奠定了自己的霸主之位。那麼，這一戰究竟是怎麼打的呢？

東漢末年，群雄並起，袁紹、曹操兩大集團是其中最大的兩股勢力。曹操「挾天子以令諸侯」，威勢大增，袁紹則盡占河北之地，意欲南征以奪天下，兩人之間的決戰在所難免。這時，袁強曹弱，袁紹屬地四方臣服，並無後顧之憂，而且地廣人多，兵力在十萬以上；曹操能動用的僅有不到兩萬的兵力，身旁除了北方的袁紹，還有關中諸將虎視眈眈，同時南邊劉表、張繡不肯降服，東南孫策蠢蠢欲動，暫時依附的劉備也是貌合神離。

建安四年（西元 199 年）六月，占盡天時地利人和的袁紹挑選精兵十萬，戰馬萬匹，南下進攻許都，官渡之戰的序幕由此拉開，此時，袁紹無疑是占據了壓倒性的優勢。

袁紹舉兵南下的消息傳到許都，曹操部將大多數都認為袁軍強大不可匹敵，但曹操卻認為袁紹志大才疏，膽略不

足,刻薄寡恩,剛愎自用,兵雖然多卻不善於指揮,將士多驕且政令不一,於是決定以所能集中的兩萬兵力駐守官渡,抗擊袁紹的進攻。

可是,正當曹操緊鑼密鼓地部署對袁紹的作戰計畫時,自己的「後院」卻起了火,早有謀反之意的劉備突然起兵反曹,並與袁紹聯繫,打算合力攻曹,分了曹操的屬地。曹操為避免兩面作戰,決定先攻劉備。此時,明眼人一眼就可看出,這正是袁紹夾擊曹操的最佳良機,袁紹手下第一謀士田豐立刻建議袁紹「舉軍而襲其後」,一舉擊潰曹軍,但袁紹卻不以為然,以幼子突然生病為由拒絕採納田豐的建議,致使曹操從容擊敗劉備並順利回軍官渡,這是袁紹浪費的第一個機會,同時,也寒了準備效仿劉備夾擊曹操的旁觀群雄之心。

西元200年正月,不緊不慢的袁紹書寫檄文大罵曹操,並準備渡河與曹軍決戰,此時謀士田豐建議不要分兵,以保持優勢兵力,防備被曹操各個擊破,但袁紹依然置之不理。袁紹分兵數路,試圖合圍官渡一舉殲滅曹軍,結果反被曹軍集中優勢兵力打了一個埋伏戰。曹操重創袁軍,解了白馬之圍,讓氣勢洶洶的袁紹第一戰就敗了個灰頭土臉。

惱羞成怒的袁紹親率大軍渡河追擊,以十倍兵力追擊曹操,但關鍵時刻卻又出了差錯。原來,曹操深知袁軍貪財好色,一見敵眾我寡,就命令士卒解鞍放馬,故意將輜重丟棄在

第一章
不是所有堅持都正確，勝負的關鍵在於選對方向

路旁。袁軍一見果然中計，紛紛爭搶財物。埋伏在一旁的曹操突然發起攻擊，以六百之兵擊潰六千袁軍，並順利退回官渡。至此，袁紹軍隊雖然兵力仍然占優勢，但銳氣已被嚴重挫傷。

袁軍雖然接連失利，但兵力仍占據壓倒性優勢。雙方在官渡相持了三個月，曹軍處境困難，兵少糧缺，士卒疲乏。曹操幾乎失去堅守的信心，他寫信給荀彧，商議是否要退守許都，荀彧回信說：「主公以至弱抵擋至強，如果不能堅持，一定會被對方乘機消滅，現在已經是決定天下大勢的關鍵時刻。主公以一當十，扼守要地使袁軍不能前進，現在已經半年多了，情勢已經明朗，絕無迴旋的餘地，只要堅持下去，很快就會發生重大的轉變。這正是出奇制勝的時機，千萬不可坐失。」看了荀彧的信，曹操下定決心，繼續堅守不出，同時等待反擊的機會。

十月，機會終於來臨，曹操探知袁紹將糧草囤積在大營以北約 20 公里的故市和烏巢，立即決定發起奇襲，並親自率領步騎兵兩千，一路上冒用袁軍旗號，利用夜色掩護走小路。在順利到達烏巢後，曹軍立即圍攻放火，把糧草燒得個一乾二淨。而袁紹在得知曹操襲擊烏巢後，卻仍然否定謀士田豐全力追殺曹操保護糧草的建議，幻想著能夠一口吞下對方。他分兵兩路，一路派輕騎救援糧草，另一路依然重兵猛攻曹軍大營。可曹操走前早已留下了守城策略，城內將士萬

眾一心誓死抵擋，袁軍久攻不下，攻城的袁軍大將卻突然得知烏巢被破糧草盡毀的消息，徹底對袁紹失去信心，便停止攻城，向曹操投降，這時軍心動搖，內部分裂，袁紹大軍終於四散而逃土崩瓦解了，最後，袁紹只帶著八百殘兵逃回河北，不久便鬱鬱而終了。

官渡之戰，歷時一年，以曹操的全面勝利宣告結束。曹操以兩萬兵力擊破袁軍十萬大軍，徹底將強弱之勢逆轉，接下來，曹操乘勝追擊，殺進河北，徹底滅了袁紹，統一了北方。

官渡之戰也讓後人感觸頗多。小說家蔡東藩在《後漢演義》中評價：「曹操處處能用諫，袁紹處處是愎諫，即此已見袁曹之興亡，不待戰而始決耳！」

由此可見，要探究袁紹如何將一手好牌打成了死局，就不得不提他數次拒絕謀士田豐的建議。可以說，每一次出現機會或是生死關頭時，田豐都能審時度勢提出正確的建議，但狂妄自大的袁紹卻不以為意，在錯誤的道路上越走越遠，而且在潰敗而逃後仍然將罪過歸於他人，最終殺害了田豐。而與之形成鮮明對比的，則是劣勢中的曹操廣納眾人之言，並取得了最終的勝利。

可以說，正是袁紹的固執己見與不知悔改葬送了本應該屬於自己的大好局面，最終留下了一敗塗地退出歷史舞臺的悲慘結局。

第一章
不是所有堅持都正確，勝負的關鍵在於選對方向

方法不對，努力也沒用

這是一個關於「學」的故事。眾所周知，熱愛學習是一種高尚的品德，但是，「學」也必須要講究方式方法，盲目且不得要領的「學」往往會事倍功半，甚至還會產生負面作用。由於「學」的方式不對，學來的東西反而會成為負擔，並且還會丟了自己原本就會的本領。

在戰國時期，有一個燕國的年輕人，他非常注重自己的儀表，每次出門之前都要精心梳妝打扮，要確保自己以最佳的形象出現在外人面前，因為，他的目標是成為燕國最有名的英俊男子。但是，時間久了，卻有人向他提出了意見，認為他各方面都很完美了，只有走路的姿勢有點可笑。因為在眾人印象中，英俊男子走路大都是邁著大步虎虎生風，或者是行如清風飄逸瀟灑，而這個年輕人走起路來卻是踏著小碎步亦步亦趨，沒有壯士的英武，也沒有才子的風雅，反而像個沒有主見的婦人。這對於要求完美的他來說，顯然是一個大大的敗筆。

聽到這個評價之後，年輕人立刻回家對鏡自省，果然，他發現自己走路的姿勢確實如別人所說的那樣。他越看越覺

得難看，於是，立刻開始著手糾正自己走路的姿勢，開始學習別人走路，可是學來學去卻總是不得要領。這時，一個朋友對他說，位於趙國的邯鄲人走路姿勢非常漂亮，據說邯鄲男子不論俊醜高矮，都走得一腳好姿態，僅憑走路姿勢就能給予人無盡美感。聽到這個消息，年輕人喜出望外，他立刻收拾行囊，告別家人，直奔邯鄲而去。

三天之後，年輕人順利來到邯鄲，一見街上行人，果然都是龍行虎步器宇不凡，年輕人興奮不已，不顧行程疲憊，立刻開始跟著邯鄲人學習走路。

最初，年輕人跟在一位長袖揮灑的中年讀書人後面，學著那人三步一停，五步一顧，學得像模像樣。可是走著走著，年輕人突然又看到一位異常英武的同齡人，那人走在人群之中驚為天人，年輕人立刻放棄原來跟著的讀書人，改為跟在這個同齡人後面。可是這個人步履如飛，年輕人跟著走了半個時辰便跟不上了。年輕人有心想叫住此人認真學習，可終究臉皮太薄，不敢說自己連走路都走不好，是特意來學走路的，猶豫間這位同齡人就消失了。無奈之下，年輕人只好在大街上閒逛，一會兒跟著這個走，一會兒跟著那個走，學來學去，竟然覺得這走路姿勢千種萬樣，有著說不盡的學問。

見到年輕人如痴似狂地學人走路，許多邯鄲人也注意到

第一章
不是所有堅持都正確，勝負的關鍵在於選對方向

了他，見他一會兒跟這個人走，一會兒跟那個人走，有人便提醒他，每個人都有適合自己的走路姿勢，一味盲目地去學習別人，也許並不適合自己，但年輕人聽了卻不以為然，他覺得，只要自己堅持學習，就一定能找到屬於自己的最佳姿態。

不知不覺，年輕人在邯鄲學步已過了月餘，他先後學了慢行、快行、龍行、虎步，覺得自己已經大功告成了，同時，年輕人帶的盤纏也快用光了，於是，他決定啟程回家。可是就在返家的第一天，年輕人走在官道之上，突然發現了一件可怕的事情，若是沒有人引領，自己竟然不會走路了。他的腳向前一邁，就會想起那些姿勢的要領，可是大腦轉變太快腳步卻跟不上了，往往是還沒有邁出腳步，就又想起下一個動作來，心裡一急，腳下就亂了，年輕人越走越慌亂，終於滿頭大汗癱坐在地，再也站不起來了。

年輕人想趕路回家，可是卻忘記了自己該怎麼樣走路，最後，他只得四肢並用爬著回到了燕國。一路上，眾人看到在地上爬行的他，指指點點笑聲不斷，他臉紅耳赤卻又無可奈何。

這就是邯鄲學步的故事，詩仙李白還專門為這個年輕人寫了一句詩「壽陵失本步，笑煞邯鄲人」，諷刺這位年輕人只知道一味地去模仿別人，這山看著那山高，卻不考慮自己

的實際情況,結果不僅學不到本領,反而把原來的本領也丟了。在如今,位於邯鄲市內沁河之上建有一座學步橋,橋上燕國青年滑稽可笑的走路姿勢豎立在歷史的長河之中,警醒著世人。

在現實生活中,其實也有許多人犯過邯鄲學步的毛病,一味堅持去模仿那些所謂的成功人物,結果畫虎不成反類犬,不僅沒有學到本領,反而丟了自己原有的本領,這種盲目滑稽的堅持讓「學習」變成了一個貶義詞,也讓自己變成了一個笑話。

第一章
不是所有堅持都正確，勝負的關鍵在於選對方向

不知變通，刻舟也求不了劍

戰國時期，有一個楚國人，非常勤奮上進，從小就立志要成就一番事業。他每日苦讀詩書，苦習劍術，希望自己能夠成為文武雙全的棟梁之材。皇天不負苦心人，這個人很快就把書中內容背得滾瓜爛熟，劍術也練習得有模有樣。但是，這個人卻有一個毛病，做什麼事總喜歡先找個參照物，書上有的就按書上寫的來做，書上沒有的就按看到的類似的事物自己照葫蘆畫瓢。總之無論什麼事，他總要找到一個模板來照著做，從來沒有想到過要變通。

有一天，這個楚國人在山林裡練習劍術，看見一個樵夫在不遠處的山坡上砍柴，忽然，樵夫手裡的斧頭一不小心掉進山谷裡去了。山坡到山谷之間沒有直上直下的路，而且山谷裡雜草叢生，連斧頭的影子都看不到。他正替樵夫著急，準備幫他一起下山谷尋找斧頭，卻看見樵夫不慌不忙地在斧頭落下的地方做了一個顯眼的記號，用一根高高的樹枝插在地上，直指斧頭落下的方向，然後樵夫迅速從旁邊的小路繞下山去，對照著山上醒目的標記，很快就在草叢裡找到了斧頭。樵夫的方法讓這位楚國人敬佩不已，他暗暗將這個方法

不知變通，刻舟也求不了劍

記在了心裡，心想著如果自己哪天丟了東西，也可以用這個聰明的方法找回來。

楚國人沒有想到，他學到的這個方法很快就派上了用場。第二天，他搭乘一條渡船過江辦事，一路上，他站在船舷邊觀賞景色，江水兩岸的美麗景色令他目不暇接，轉眼之間，船已行至江水中央，陶醉於美景的他一不小心，隨身攜帶的一把寶劍滑落到江水中。眾人連忙勸他趕快跳下水去打撈，他卻笑著搖了搖頭，因為此刻，他眼前浮現出樵夫刻記號的一幕，他想，我丟寶劍樵夫丟斧頭，不都是一樣的道理嗎？

於是，胸有成竹的他微笑著說：「大家不要慌張！我自有妙法。」只見他取出一把小刀，在劍掉下去的船舷邊上刻了一道深深的記號，直指江水深處，口中還自言自語道：「我的劍就是從這裡掉下去的！」眾人看他不慌不忙，以為他真有妙法，於是停下的船便繼續前行。待船到岸停靠後，他才慢慢站起身來，面對著四周疑惑的目光，從容不迫地脫去衣服，從船舷邊所刻記號處跳入水中。可是，他在水中撈來撈去，撈了整整兩個時辰，卻怎麼也撈不到那把劍，圍觀諸人目瞪口呆地看著他浮出水面撫摸著船邊的記號，夢囈般喃喃自語起來：「我的劍明明是從這裡掉下去的，怎麼就會找不到了呢？」

這就是《呂氏春秋‧察今》中記載的刻舟求劍的故事。楚國人因為這次丟劍尋劍的經歷，被人們嘲笑了幾千年。

第一章
不是所有堅持都正確，勝負的關鍵在於選對方向

其實，楚國人熱愛學習的習慣並無錯，他錯就錯在沒有考慮到自己所處的環境，因為樵夫丟失斧頭的山谷不會動，山坡也不會動，而楚國人丟劍的船會動，他的記號記在一直前行的船上，就等於根本沒有記號。他當時應該做的，其實是在丟劍的水域留下記號，做好充足準備再下河尋劍，或者是乾脆就地停船，立刻下河尋劍。

《孟子‧盡心下》中有言：「盡信《書》，則不如無《書》。」意思是世間之事沒有一刻不在變化，如果不用變通的眼光看問題，只盲目相信從書中學到的知識和道理，不僅不會幫助你，反而會將你禁錮起來，還不如什麼都不學，只憑藉著一股不懼失敗的勇氣去探索，或許那樣成功的機率反而會更大一些。

楚國人就是因為總是相信書裡說的，總是相信從別處看來的東西，導致了自己的失敗。但話說回來，雖然世人嘲笑了這個刻舟求劍的楚國人幾千年之久，但這幾千年來，刻舟求劍的人卻總是層出不窮。

小事上刻舟求劍，或許只是讓人貽笑大方，但如果主政者刻舟求劍，可能就會造成國家大亂民不聊生了。刻舟求劍的教訓其實就是告訴我們，辦事不能只憑主觀認知，不能拍拍腦袋想當然耳，不能人云亦云，而是要根據客觀情況的變化靈活處理。如果一味堅持死道理死方法，只會讓自己鑽進死胡同，最終導致失敗。

是誰殺死了呂布

「馬中赤兔，人中呂布。」說的是三國時的第一猛將呂布，這位超級猛將在當時可謂是無人能敵，但是他的結局卻讓人有些看不懂。在曹操並不算猛烈的攻勢面前，呂布一敗塗地被俘身亡，而究其原因，竟然是因為沒有聽從一個人的建議，這個人，就是三國時著名的謀士陳宮。

想當初，陳宮選擇呂布為主正是看中了呂布的英勇無雙，認為憑藉自己的智謀，定能輔佐他成就一番大業，卻不料呂布這人雖然長得人高馬大器宇軒昂，卻是個優柔寡斷猜忌頗多的人，使得陳宮的一番心血付諸東流，最後還賠上了自己的性命。

事實上，在曹操攻打呂布之時，陳宮的計謀如果呂布能採納一條，也不至於落個身敗名裂的結局。

建安三年（西元198年）九月，曹操率大軍進攻呂布，最初勢如破竹屢戰屢勝，眼看就要殺到下邳了，這時，陳宮向呂布獻了第一條計策，讓呂布帶兵出城選擇一片偏僻之地駐紮，城內則由陳宮閉關堅守，兩者形成掎角之勢，便可首尾呼應，抵禦曹操大軍。陳宮建議，最好能趁曹操初至立足未

第一章
不是所有堅持都正確，勝負的關鍵在於選對方向

穩之時，以迅雷不及掩耳之勢攻擊曹軍，定能打對方一個措手不及。哪怕一時不勝，只需耗得幾天，等曹軍糧盡，自然就會敗退而去了。

陳宮的這條建議立足於自身兵力的基礎上，又占據天時地利人和，而且料敵於先，確實能夠達到戰勝曹操的目的，但是呂布聽到陳宮的建議之後，卻沒有首先考慮計策是否可行，反而先疑心陳宮是否有坑主的私心。呂布心想，如果自己把城池委託給陳宮駐守，一旦陳宮懷有異心，那麼城中妻兒便會盡落敵手，而自己孤軍在外，必然也會被敵軍消滅，反觀城中的陳宮，卻是可降可守，沒有絲毫損失。想到這裡，呂布便建議由陳宮出城，自己留守，可陳宮卻說唯有呂布的神勇才能面對曹軍而不敗，自己的武力只能夠依託城牆堅守不出而已，呂布一聽，立刻覺得自己的懷疑很有道理，便決定不按陳宮計謀行事。面對呂布的拒絕，深知呂布心思的陳宮只得徒嘆奈何。

就在呂布猜忌時，戰機已轉瞬即逝。幾天之後，曹操大軍圍城，呂布幾次出戰均無功而返，眼看城內糧草漸少，人心渙散，此時，陳宮獻出了第二條計策，說探子已探出曹軍糧草所在，只需呂布親領精兵斷其糧道，便可解了下邳之圍。但是，這一次呂布一聽又是讓自己出城打先鋒，而且還是深入敵後孤身犯險，便依然選擇了拒絕，而且，這一次拒

絕的理由更是奇葩，居然說是自己夫人難捨郎君離城赴險，又哭又鬧纏著自己不放。

正當陳宮準備繼續苦勸呂布之時，曹操突然送了一封信給呂布，向他陳述禍福，勸說呂布投降。其實，連戰連敗的呂布早已有了投降的意思，正好準備藉此良機開城投降。或許投降這事對別人來說很難，但對呂布來說簡直就是小菜一碟，他有一個外號叫三姓家奴，生平投降之事做得輕車熟路。但是這一次，陳宮卻深知，如果呂布投降則必死無疑，因為曹操不像袁紹董卓那般大度，曹操是個真正的梟雄，而且對方營中還有一個對呂布恨之入骨的劉備在煽風點火。於是陳宮聯合一眾部將苦勸呂布，說明利害，終於使得呂布暫時放下了投降的念頭。

曹操見呂布不降，一時也沒有什麼辦法，直到三個月之後，才利用洪水攻破了下邳，其實這時，在陳宮的建議下，呂布仍然還有一線生機。那就是，在水淹下邳之前逃出去，以求日後東山再起。陳宮其實早已看出曹操準備用水攻的辦法破城，但引水淹城需要等三個月時間，呂布完全有機會逃出下邳。可惜這一次，呂布再一次選擇了拒絕，因為城中還有他的美人貂蟬無法帶走，而且最重要的是，在內心深處，呂布始終堅信即使城破自己也可以不死，大不了投降，以自己的武力，曹操一定認為自己還有利用價值。

第一章
不是所有堅持都正確，勝負的關鍵在於選對方向

到這個時候，數次拒絕陳宮建議的呂布敗亡的命運已經不可逆轉了。接下來，早已對呂布忍無可忍的部將們紛紛選擇了造反，他們綁了忠心耿耿的陳宮開城投降，看到陳宮被俘，部下造反，呂布倒也俐落，立刻順水推舟跟著投了降。但令呂布始料未及的是，被五花大綁的他這一次再也沒有當家奴的機會了，曹操直接下令殺了。陳宮被俘後對曹操說：「呂布不聽從我的建言，最終才會落到這個地步，如果他聽我一次，也不至於到今天這個地步。」

回過頭細看呂布這個人，會發現，他雖然驍勇善戰，武力過人，但卻沒有讓人信服的氣節，一味地唯利是圖，反覆無常，總是在猜忌別人，不納良言，到最後弄得自己眾叛親離一敗塗地。

真正殺死呂布的不是別人，而是他一貫不變的猜忌懷疑與堅持錯誤道路的一意孤行。

自我欺騙的最高境界：掩耳盜鈴

　　春秋戰國時期，在晉國的一場世家之爭中，勢大的趙氏家族一舉滅掉了范氏家族，消息傳出，晉國的小偷們蜂擁而至，紛紛趕往范氏家族在各地的院落，都想從這晉國有名的大富之家分上一杯羹。其中有一個小偷，因為來得晚了，只看到遍地狼藉，可他又不甘心空手而歸，於是便到處尋找，看看還有沒有剩下什麼能偷來賣錢的東西。

　　這一找，還真找到了一個被人遺忘的東西：院子偏門上吊著的一口大鐘。這鐘是用上等青銅鑄造而成，造型和圖案都十分精美，絕對能值不少錢。小偷一見高興極了，心想如果能把這口精美的大鐘背出去，一定能夠賣個好價錢。於是，他小心翼翼地取下大鐘，放在地上，準備背回自己家去，可是這口鐘又大又重，小偷用盡了力氣，還是背不動。他急得滿頭大汗，左思右想，終於想到一個辦法，就是把鐘敲碎化整為零，然後一點一點搬回家，這樣雖然鐘被破壞了，但青銅碎塊還是能賣上不少錢的。

　　想做就做，小偷找來一把大錘子，用盡全身氣力向大鐘敲去，只聽咣的一聲巨響，大鐘只是出現了一條淺淺的裂

第一章
不是所有堅持都正確，勝負的關鍵在於選對方向

紋，小偷卻被這巨大的敲擊聲嚇了一大跳，他心想這下可糟了，這鐘聲不就等於告訴人們我正在這裡偷東西嗎？他心裡一急，便縱身一躍一下子撲到了鐘上，張開雙臂想捂住鐘的聲音，可鐘聲又怎麼能捂得住呢？雖然他用盡力氣，鐘聲依然悠悠揚揚地傳向了遠方。

小偷怕有人發現，嚇得連忙躲到了一邊，遠遠看著有沒有人進院子抓自己，結果等了許久也沒有人進來。小偷心想，鐘只是響了一聲，聽到的人可能也沒想到是有人在偷東西，心裡頓時輕鬆下來。他小心翼翼走到鐘前，又取出大錘子輕輕敲了一下，沒想到大鐘又發出了悠揚的鐘聲，小偷越聽越害怕，不由自主地抽回雙手，使勁捂住了自己的耳朵，突然，小偷心裡一喜：「咦，這鐘聲怎麼變得這麼小了！」

這個發現令小偷驚喜若狂，他想：這真是妙極了！把耳朵捂住不就聽不見鐘聲了嗎？這樣不就安全了嗎？他立刻找來兩個布團，把耳朵緊緊塞住，心想，這下就再也聽不見鐘聲了，於是放手砸起鐘來。一下一下，鐘聲頓時異常響亮地傳到很遠的地方。持續的鐘聲，終於引起了人們的注意，大家聽到被封閉的范氏大院中傳來一陣陣響亮的鐘聲，猜測裡面一定是出了事，於是便蜂擁而至把這個自作聰明的小偷捉住送進了官府。最具諷刺意味的是，這個小偷一直到人們走到自己的面前，才發現有這麼多人走進了范家大院，因為

耳朵被緊緊塞住，他根本沒有聽到人們開啟院門走進大院的聲音。

這就是掩耳盜鈴的故事。眾所周知，聲音是捂不住的，你聽不見不代表別人都聽不見，不管你是否捂住耳朵，鐘一敲都是要響的，客觀存在的事物不會以人的主觀意志而改變。

現實生活中，掩耳盜鈴的事情其實屢有發生。《答江德功書》曾記載了一個文人出書的故事：這個人知道自己的文筆很差，所以常常剽竊別人的文字，為了避免人們的非議與嘲諷，他想到了一個方法，就是出書之時不署自己的姓名，這樣一來別人就不會知道是他寫的了。可他忽略了，書一旦流傳世間，總會有人知道是誰寫的，這樣的事情根本是掩蓋不住的，與掩耳盜鈴的小偷在本質上是一樣的。

趨吉避凶是掩耳盜鈴之人共有的屬性，很多人會對那些對自己不利或者不喜歡的客觀存在事物採取不承認的態度，以為這樣一來，那些事物就不會存在了，這在本質上和「掩耳盜鈴」是一樣的，都是極端的以自我為中心的唯心主義的表現，這種堅持以自我為中心的行為如果一直延續下去，而對客觀存在的現實不正視不研究，閉目塞聽充耳不聞，最終只會落得遭人唾笑自食其果的下場。

第一章
不是所有堅持都正確,勝負的關鍵在於選對方向

魚和魚缸有關係嗎?

「中國沒有建築,只有房子。」幾十年前,著名建築學家梁思成先生一針見血地指出了中國建築行業的落後現狀。此後的很長一段時間裡,中國成了國際建築師的試驗場,重大代表性專案的設計權紛紛被國外設計師獲得,甚至有的專案在招標中竟規定,中國設計單位必須和國外設計機構聯合才能參與投標。

進入 21 世紀之後,這種情況愈演愈烈,中國建築師都在為市場前景憂心忡忡,中國本土建築設計業徹底落入了谷底,就在這時,一個年輕人躊躇滿志地從美國回到了北京,不久,MAD 建築事務所在北京宣告成立。

在外國設計公司林立的中國市場,要占得一席之地談何容易,但這個年輕人竟然用極短的時間就站穩了腳跟,隨後,一件件石破天驚的作品橫空出世。2004 年 9 月,廣州 800 公尺雙塔震驚了世界建築界,他和他的設計公司也因此一炮而紅;2006 年的廣州國際生物島、長沙文化中心;2007 年的廈門博物館、三亞鳳凰島、世界島之東京島、鄂爾多斯博物館;2008 年的北兵馬司衚衕 32 號、嘉德藝術中心、北

海海灣新城⋯⋯一個個在中國建築界響噹噹的著名作品都出自他之手。

他的成功祕訣是什麼呢？答案很簡單：一切源於設計理念的差異。

「魚需要魚缸嗎？」「什麼樣的空間才最能滿足人的需求呢？」他一直在思考和研究這些帶有哲學性的建築問題，正因如此，他的理念才超脫了建築本身，達到了另一個高度。

在MAD建築事務所的辦公空間裡，放著一個不大的魚缸。他說：「我們用攝影機拍攝魚的活動，在電腦裡分析牠們的行為，發現了牠們的一些習慣，並按照牠們的生活需求設計了一個魚缸。但後來我們想，魚一定要跟魚缸有什麼關係嗎？與忘情於江湖相比，什麼樣的魚缸都是對魚的限制。人類從住山洞，到住帳篷，現在又住進遍布城市的方盒子一樣的建築裡面，每一次技術進步都改善了人的居住條件，同時也更多地限制了人與自然的交流和自由的生活。我們在擁有了如此高水準的技術之後，應該思考的是，如何讓人們生活得更開放，如何利用好技術，如更尊重人的選擇，讓空間盡可能擁有自己的個性，而不是限制。」

由於具備了哲學與人文的思想，他建築理想的展現似乎總是給人驚喜。當人們以為會出現一個稜角的時候，他給出了一個曲線；當人們期待一個新高度的時候，他卻拿出了一

第一章
不是所有堅持都正確，勝負的關鍵在於選對方向

個平面。他的設計形態各異，卻都命中注定般烙印著 MAD 風格；他的設計前衛大膽，卻似乎總能與周圍環境達成一種戲劇化的和諧。

在占領中國市場的同時，他還將觸角伸到了國外市場。2006 年 9 月，在加拿大密西沙加市，一場聲勢浩大的建築設計方案確定的宣布儀式上，市長親自宣布得標者是一位來自中國的年輕人，那一年，他年僅 30 歲，卻創造了歷史，成為得標國外代表性建築第一人。

他說：「從早上開始，我就不斷接受當地媒體的採訪，包括在電臺和電視臺做現場直播節目。後來，密西沙加市的市長還親自寫了一封信給我，感謝我為城市設計了一個這麼好的建築。」

翻開他的履歷表，我們可以看到，在美國期間他已鋒芒畢露，2002 年剛剛取得耶魯大學建築學碩士學位便獨力完成了「浮游之島」——重建紐約世界貿易中心方案，這個獨樹一幟的方案獲得了各方讚譽，後來被中國國家美術館永久性館藏。

在建築的無人區裡，他信手拈來便是一片令人叫絕的絕妙塗鴉。無論是因紐約世貿大廈重建方案「浮游之島」而成名於紐約，還是獲得上海國家軟體出口基地國際競賽一等獎、上海現代藝術公園概念設計競賽一等獎，包括最近獲得的廣

州生物島廣場國際設計競賽的勝利和「瑪麗蓮‧夢露大廈」設計權的獲得，他和他的夥伴們一直在堅持著同樣的設計理念。

他說：「對於我們來說，更重要的是傳播我們的理念，那就是，建築應最大可能地滿足人的需求，這是必然的。我們的建築絕不是追求形式上的新奇怪異，而是要創造未來。」

說這些話時，他目光閃爍，全身上下洋溢著理想主義的光芒。他就是馬岩松，北京 MAD 建築事務所創始人，現代中國建築設計行業的鼎尖人物。

拒絕一味堅持固有的傳統設計風格，勇於開創獨特的設計理念，才是這個初出茅廬的年輕人能成功的主要原因。

第一章
不是所有堅持都正確，勝負的關鍵在於選對方向

淘汰是為了迎接新的開始

1965 年，41 歲的美國人霍克又一次失業了。從 14 歲厭倦上學，於是輟學開始工作，他已經換了無數次工作：當過乳牛場夥計、搬運工、屠宰廠工人、農場農藥噴灑工⋯⋯但每次都做不長久，與生俱來的叛逆性格讓他總與上司格格不入。

但這一次失業是致命的，因為家裡還有三個年幼的孩子、沉重的房貸和一個還在讀大學的老婆，無奈之下，他只得夜以繼日地找工作。一個月後，他在國家商業銀行謀得一個職位，但遺憾的是，他的「叛逆」本性沒有絲毫改變，做了不到兩年，他再次對公司發出了質疑：為什麼我一直不能得到晉升？為什麼我總是不斷地與上司發生衝突？

繼續追問下去只會讓人瘋掉。1967 年，43 歲的他即將步入「歷史的車輪」，就在這時，他獲得了一個參與「美國銀行卡」釋出活動的機會，他的任務是從美國銀行那裡拿到一個特許經營證，後者有權向當時的美國各大商業銀行釋出這種早期的信用卡。

事實上，上司的本意是想把一個不可能完成的任務交給

他，然後看著他慘敗而歸，從而名正言順地把他開除。但是這一次，他們失算了。

那個年代，信用卡剛剛在美國銀行業露臉，對這項業務毫無經驗的霍克突然好像看到了銀行卡的發展前途。一向不按常規出牌的他取得了信用卡業務的初步成功之後，又設法說服美國銀行放棄了對美國銀行卡的所有權，由此開創了美國銀行卡聯盟（Visa 的前身）。

帶著 30 多年來一直對創新組織與管理的嚮往與實踐，他發展出一套「價值交換」的全球系統，並藉此建立了一個組織「維薩國際」。由於當時還沒有網際網路，沒有企業聯盟，也不是資訊社會，「維薩國際」的誕生全是憑藉觀念、想法和信念的力量。這一年，他已經 46 歲了。

他的事業開始蒸蒸日上，但他叛逆的本性卻始終未變。在擔任 Visa 執行長 14 年後的某一天，60 歲的他放下職務，奔向偏遠的荒地，駕駛著一輛履帶式拖拉機開始了長達 10 年的農夫生活。直到 1994 年，他才結束隱居再次復出。

2008 年 3 月 18 日，維薩集團透過首次公開發行股票成功融資 179 億美元，創下美國歷史上 IPO 融資規模之最。2010 年，維薩的營業額達到沃爾瑪的 10 倍，市場價值是奇異的兩倍，成了全球最大商業公司，世界上超過六分之一的人成為它的客戶。

第一章
不是所有堅持都正確,勝負的關鍵在於選對方向

　　他就是維薩信用卡網路公司創始人迪伊‧霍克(Dee Hock),曾被美國《金錢》雜誌評為「過去 25 年間最能改變人們生活方式的八大人物」之一。這位幾十年掙扎在人生底層的超常思維大師,耗盡大半生時光,終於為他平凡的生命綻放出一道最絢麗的光彩,他獨特的創業管理理念——「問題永遠不在於如何使頭腦裡產生嶄新的、創造性的思想,而在於淘汰舊觀念」,正激勵著一代代創業者走向成功。

　　霍克耗盡大半生時光,終於擺脫了毫無意義的前半生的生活,為生命迎來了新的開始。機會是給能夠把握住它的人的,當機會來臨時,你需要做的是摒棄之前那些無意義的堅持,勇敢地去開拓新的人生!

放棄無意義的堅持

　　《戰國策・魏策四》中講述了這樣一個故事：有一個魏國人，要從魏國到楚國去，在準備出發之前，他做了十足的準備，帶了很多的盤纏，僱了上好的馬車，使用上等的駿馬，還聘請了駕車技術十分精湛的車伕，但是，在上路之後，這個人卻不問青紅皂白便指揮馬伕一路向北疾馳而去，他根本就不知道自己要去的楚國是在魏國的南面。

　　在路上，有路人見他行路匆忙神態焦急，便問他要往哪裡去。這個人大聲回答說：「我要去楚國！」路人告訴他說：「楚國在南邊，到楚國去應該往南方走啊，你這是在往北走，方向不對。」他卻滿不在乎地說：「沒關係，我的馬快著呢！」路人替他著急，便一把拉住他的馬，阻止他說：「方向錯了，你的馬再快，也到不了楚國呀！」他卻依然毫不醒悟地說：「不要緊，我帶的路費多著呢！可以花上好幾年。」哭笑不得的路人極力勸阻他說：「雖說你路費多，馬跑得快，可是你走的不是正確的方向，你路費再多也只能白花呀！」說到這裡，這個一心只想要快點到達楚國的人有些不耐煩了，大聲說：「這有什麼難的，我的車伕趕車的本領高著呢！好了，別

第一章
不是所有堅持都正確，勝負的關鍵在於選對方向

礙事了，放開馬車，我們還要趕去楚國呢，快讓開！」路人無奈，只得鬆開了手，眼睜睜看著這個盲目上路的魏國人一路向北越走越遠了。

故事到這裡就結束了，可以肯定的是，只要不改正方向，這個魏國人終其一生也到達不了楚國。

這就是著名的南轅北轍的故事，故事中的那個魏國人，不聽別人的勸告，仗著自己的馬快、錢多、車伕技術好等優越條件，朝著相反方向一意孤行。可事實上，就算他的準備再充足，物質條件再好，也對他到達目的地沒有任何幫助，因為，一旦方向錯了，他就只會離目的地越來越遠。方向錯了，前進就是倒退！

不知大家有沒有感覺到，這個魏國人的行為特別像一隻橫行的螃蟹，眼睛望著前方的目的地，八隻腳卻一味向著左右快速前行，心中焦急萬分，前方的目的地卻永遠可望而不可及。雖然準備充分不畏奔波，但實際上只是做了一些無用功而已。

現代許多人都把南轅北轍的故事當成一個笑話來看，殊不知，類似的經歷其實每個人或多或少都會遇到，比如，記不記得年輕時不顧家人師友的勸告，一意孤行尋找自己所謂的自由與輝煌；記不記得遇到挫折時總喜歡找各種理由搪塞迴避，不願承認錯誤，結果一錯再錯；記不記得曾經有多少

次自以為是,將重要的工作搞砸;記不記得曾經有多少次口無遮攔,不經意間得罪了真心對你好的同事與朋友,最後後悔莫及。

南轅北轍的故事告訴我們,無論做什麼事,都要首先看準方向,再充分發揮自己的有利條件。如果方向錯了,即使再有利的條件也只會產生相反的作用,前進就會變成一種後退。而且,人生中的方向並不像故事中所說的去楚國這麼簡單,在人生道路中,通往成功的道路上總會有各式各樣的荊棘,而且每個人的螃蟹脾性也會不時發作,驅動著雙腿一味橫行,偏離了未來的方向,即使這樣也不願停下來思考一下,最終導致人生的失敗。

沒有正確的方向,錯誤的堅持只會發揮相反的作用,再崇高的理想也會越行越遠,再優厚的物質條件也會被浪費殆盡,起點再高的人生之路也會越走越低,只有果斷放棄這些無意義的堅持,重新找回正確的方向,人生才能重新看到希望與光明。

第一章
不是所有堅持都正確,勝負的關鍵在於選對方向

考零分進北大的羅家倫

國學大師錢鍾書數學考了零分仍被清華大學錄取的故事一直被傳為美談,但事實上,當時錢鍾書的數學成績是 15 分,雖然仍是慘不忍睹,但絕不是零分。不過這個零分故事倒也不是空穴來風,其實,故事的真實主角正是力排眾議破格錄取錢鍾書,時任清華大學校長的羅家倫,而那個慧眼識珠錄取羅家倫的則是另一位文學巨擘胡適。

1917 年夏,北京大學來到上海招生,21 歲的羅家倫滿懷志忑地參加了考試。出身於書香門第的羅家倫自小便熟讀四書五經,後來又進入復旦公學就讀,是校園中小有名氣的文學青年,同時,他還勇於變革,18 歲時就寫下了慷慨激昂的文字:「若欲以二十世紀國家的主角自恃,必須有春日載陽、永珍昭蘇之慨:切莫暮氣沉沉,氣息奄奄。一定要努力成為新學生,切莫淪為陳死人。」

但是,在文海中盡情遨遊的羅家倫對數字極不敏感,數學超差。由於家境優越,他甚至連平日的生活買賣都是由家人打理,看到枯燥的數字便會頭痛,這也是他參加北大招生考試最大的弱點所在。

幸運的是，如同12年後錢鍾書遇到了羅家倫，當時，剛從美國歸來的胡適擔任了羅家倫的閱卷老師。在閱卷過程中，胡適一看到羅家倫的作文便驚為天人，他一邊讀一邊情不自禁地叫好，被作者酣暢淋漓的文筆與閃爍智慧的見解所深深折服，最後毫不猶豫地給了滿分。然而，當他檢視這名考生的其他各科成績時，禁不住大失所望，羅家倫數學竟然考了零分！按照北大規定，有一科成績不合格就不予錄取，更何況是考了零分。

胡適當時只是北京大學一個普通教授，但他實在不願放棄這樣一個人才，決定盡全力幫助羅家倫進入北大。幾天後的招生會議上，胡適說：「有個考生的作文寫得非常好，我給了滿分，我希望這樣的人才能被錄取到北大來學習。」但是，招生委員會的委員們在得知羅家倫數學考了零分之後，都紛紛表示反對，面對一片反對聲，胡適慷慨陳詞，從人的各盡其才講到教育的社會意義，逐一反駁了眾人的觀點，上演了一場真實版的「舌戰群儒」。最後，主持會議的北大校長蔡元培表態，支持胡適。於是，考了零分的羅家倫被北大破格錄取了。

進入北大的羅家倫不負眾望，刻苦學習，積極參加社會運動，後來更是被任命為清華大學的校長。

其實，學術之所以要分類，就是為了人盡其才。愛因斯

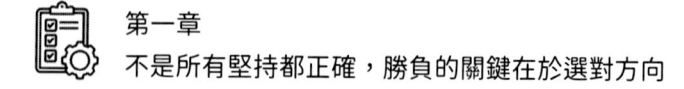

第一章
不是所有堅持都正確，勝負的關鍵在於選對方向

坦當運動員跑不過普通人也不能否認他是天才的事實，因此不應該用分數的門檻扼殺了人才。

破格錄取的最美妙之處就是打破常規，開拓創新，如果一味堅持固有的錄取方式，估計世界就會少了許多泰斗級的大師。

第二章
堅持不意味著因循守舊，
與眾不同的道路
成就與眾不同的人生

堅持走別人走過的路，固然安全平穩，但也大大降低了脫穎而出的機率，細細觀察那些獲得成功的人，往往都是走了一條與眾不同的道路。

第二章
堅持不意味著因循守舊，與眾不同的道路成就與眾不同的人生

生日蛋糕上的辭職信

31歲的克里斯・霍姆斯是英國斯坦斯特德機場邊防部的一名移民官員。雖然他每天都兢兢業業地工作，但在內心深處，他並不喜歡這份工作，移民官員雖然工作穩定而且收入不菲，但卻缺少創造性，這讓個性開朗的霍姆斯很不適應。事實上，他一直有著一個夢想，那就是成為一名蛋糕烘焙師，製作出各式各樣漂亮並且好吃的蛋糕。

這個夢想源於他童年時對蛋糕的喜愛，在劍橋郡出生長大的霍姆斯幾乎嘗遍了全郡所有的蛋糕店，那些千奇百怪的美味蛋糕伴隨著他的成長。成年之後，霍姆斯進入大學攻讀工商管理學，但他一直利用業餘時間學習烘焙蛋糕，夢想著有一天能夠親手做出那些美味的蛋糕。

2005年，23歲的霍姆斯大學畢業進入機場邊防部成為一名移民官員，領到第一筆薪水之後，他立刻把所有製作蛋糕的設備購置齊全，在精心準備之後，他烘焙出了自己的第一個蛋糕。當飄著淡淡香味的金黃色蛋糕出爐時，霍姆斯內心的喜悅簡直無法言喻，相對於成為一位移民官員的乏味，他更加喜歡製作好美味蛋糕後的喜悅。

在以後的日子裡,霍姆斯一面工作一面繼續製作蛋糕,漸漸地,他的烘焙技術越來越高明,製作的蛋糕不僅十分精美,味道也異常可口,朋友同事紛紛找他製作蛋糕,許多蛋糕加工店也找到他,希望他能兼職到店中製作蛋糕。

此時,霍姆斯有了辭去工作當全職蛋糕烘焙師的念頭,但他這個想法卻遭到了家人朋友的一致反對,因為移民官員的工作薪水不菲並且受人尊敬,在英國是有「紳士」派頭的工作,而蛋糕烘焙師的社會地位則要低很多。霍姆斯陷入了焦慮之中,一邊是美好卻不被祝福的理想,一邊是呆板卻受人推崇的現實,他不知道應該何去何從。

2013年2月,霍姆斯的兒子出生了,可那段時間霍姆斯卻因為工作繁忙無法照顧家庭,這讓他非常懊惱。有一天,工作到很晚的霍姆斯回到家裡,看著襁褓中的兒子睜著大眼睛好奇地盯著自己,他突然想起自己童年時就許下的願望,剎那間,他有了決定。

4月15日是霍姆斯的生日,這一天,他早早就起床開始為自己製作生日蛋糕,這是一個具有非凡意義的蛋糕,因為,霍姆斯決定把自己的辭職信寫在蛋糕上面。下午,他把製作好的蛋糕寄到了斯坦斯特德機場邊防部的管理處。

管理處的官員打開包裝盒,看到了這個別具一格的白色冰皮蛋糕,蛋糕散發著甜甜的奶香,上面寫著一封特殊的辭

第二章
堅持不意味著因循守舊，與眾不同的道路成就與眾不同的人生

職信：今天是我的 31 歲生日，最近我剛剛當了父親。我意識到人生是多麼的珍貴，花時間去做一些讓我和其他人高興的事情是很重要的。因此我決定辭職，以便能全身心投入到我的家庭和我在過去幾年已經發展得很穩定的蛋糕事業。我祝福我的公司和同事。愛你們的克里斯·霍姆斯。

看到這封別緻的辭職信，管理處的官員們先是錯愕，隨後都笑了起來，他們紛紛打電話給霍姆斯，表示尊重他的選擇，並祝福他未來一切都好。霍姆斯的妹夫傑克森把這個辭職蛋糕的相片放在網路上，幾小時內就得到了大量網友的關注和留言鼓勵。人們一致認為，霍姆斯的勇氣與選擇值得讚譽，因為適合的才是最好的，這一點與金錢、面子都沒有關係。追求理想愛護家庭的霍姆斯顯得更加真實也更加令人尊重。

霍姆斯說，網友對他的「辭職蛋糕」的留言鼓勵令他深受感動，他之所以把辭職信寫在生日蛋糕上，就是激勵自己要有勇氣開始一段新的人生，他一定會把自己的蛋糕事業做好，用理想的力量成就自己的新生。

「惡搞」出來的商機

陳靜是個調皮的女孩,上學時,她常常捉些小蟲子放在膽小同學的抽屜裡,把人家嚇哭,老師指責,父母打罵,可陳靜依舊喜歡「惡搞」。2002 年,陳靜大學畢業,在一家小報當記者,她喜歡「惡搞」的愛好不僅沒變,而且還變本加厲。不久,因為太喜歡「惡搞」,她被老闆狠狠罵了一頓,丟了工作。

失業的陳靜心情壞透了,整晚失眠,百無聊賴之下只得打開收音機,突然,她聽到收音機裡談起了惡作劇,當主持人說到「在某種特定的環境中,做點小惡作劇有助心情放鬆,使人歡暢大笑」時,她心裡一動:看來惡作劇只要搞得妙,說不定還能賺錢呢!城市裡到處都有酒吧網咖,不如我就開間笑吧,專賣惡作劇!

陳靜的「開心笑吧」小吃坊很快開張了,門口的招牌上印著幾行大字:凡進本吃坊的顧客,只要講一個無傷大雅的有關惡作劇的笑話,或者做一個惡作劇,逗大家開懷大笑的,就將免費提供飲料和食品!

這個奇特的招牌和裝修清新浪漫的小吃坊很快吸引了許

第二章
堅持不意味著因循守舊，與眾不同的道路成就與眾不同的人生

多顧客。開業第一天，一對男女來到店裡，男青年笑瞇瞇地說：「請大家跟我朗誦一首詩好不好？『暗石竹，暗石大春竹』。」眾人不明所以，跟著他讀了起來，讀完後才恍然大悟，原來男青年說的是：「俺是豬，俺是大蠢豬！」大家樂壞了！男青年和他的女朋友有了一頓免費的豐盛午餐。見此情景，許多人躍躍欲試，但大部分顧客現場發揮不太好，只能乖乖掏錢。一個月後，陳靜盤點了一下，竟然淨賺了36,000元！

隨著小店的受歡迎，陳靜的靈感也多了。她想，既然這些惡作劇笑話那麼逗人歡笑，如果把它們收集起來改編成笑話，投給一些有此需要的報刊或網站，是不是也能創造效益呢？從此，陳靜每晚整理白天顧客自編的惡作劇笑話，然後寄給全國各地的報紙雜誌，沒想到採用率極高，而且每條最少有40元稿酬。半年後，陳靜從中獲利八萬多元。她喜滋滋地想，真有意思啊，惡作劇也能幫自己賺錢！

其實，惡搞不但能賺錢，還能帶來愛情。一天，一個年輕人來吃飯，點了一份午餐。陳靜捧著一盤紅辣椒、油條和螃蟹過來了。年輕人說：「這午餐怎麼這麼特別？」陳靜笑嘻嘻地說：「我看你的鼻子像老油條，眼睛像紅辣椒，眉毛像兩把刀，走起路來兩邊倒，好像螃蟹要昏倒！就把這份午餐送給你吧！」年輕人笑了，他問陳靜：「如果我是騎馬的，妳可

以叫我『馬伕』；如果我是駕車的，妳可以叫我『車伕』；如果我是管帳的，妳又該叫我什麼呢？」「帳夫！」陳靜一喊出，馬上覺得不對勁，臉一下紅到了脖子根！

年輕人叫劉奇，也是個惡搞高手，兩人在「惡搞」中漸漸眉目傳情談起了戀愛。不久，劉奇辭了工作過來幫忙陳靜，專門收集客人自編的惡作劇，當收集了滿滿一本後，劉奇突發奇想地說：「我們可以出書了呀！」陳靜馬上響應。這本書出版後，銷售量一路飆升，為兩人帶來了不菲收益。

2006年，兩人結了婚，並在麗江開起了第三間「開心笑吧」小吃坊。麗江遊人如織，當地環境和氣氛也十分適合開這種玩樂性質的小店，每天進來消費的人絡繹不絕。到了2010年6月，兩人的總資產已達到1,000多萬元。

看似毫無商機的「惡搞」讓陳靜淘到了人生的第一桶金，她的故事告訴我們，留心處處皆學問，被人們忽略的地方往往就藏著財富，拋開因循守舊，利用創新思維，發揮自己的長處，就能找到用武之地。

第二章

堅持不意味著因循守舊，與眾不同的道路成就與眾不同的人生

「熱舞交警」的成功祕訣

現年55歲的拉米羅・伊諾賈斯是菲律賓首都馬尼拉的一名普通交警，但他在當地的知名度卻堪比一線演藝明星，市民們親切地稱他為「熱舞交警」、「馬路舞神」。他擁有為數眾多的粉絲團，這不僅是因為他管轄地區的交通事故率極低，還因為他那獨一無二的工作方式。

每週7天，無論陰天下雨還是豔陽高照，伊諾賈斯總會按時站在他負責的馬卡帕加爾大街的十字路口，在一片嘈雜的喇叭聲中，他邊跳舞邊面帶微笑指揮交通。為了引起司機注意，他還經常更換各色服裝，有時穿得像貓王，有時則模仿麥可・傑克森，最近他還換上了聖誕老人的紅衣紅褲，戴上酷酷的墨鏡，貼上白鬍子，以「聖誕版」舞蹈指揮交通。

伊諾賈斯萌生出這種指揮交通的方式源於三年前的一次交通事故。那天正好是他值班，正午時分，他正盡責地指揮著交通，突然，一輛客車疾馳而來，就在他面前撞死了一個可愛的小女孩，後來，調查得知是因為司機午後駕駛時犯睏注意力不集中導致了事故。面對這悲慘的一幕，伊諾賈斯陷入了沉思，他想，當時自己的指揮沒有錯誤，但顯然沒有引

起司機的注意,傳統的指揮方式呆板無趣,許多司機根本視而不見,而且交警總是板著臉,導致司機與交警的關係變得很差,如果能換一種更親和更引人注意的方式指揮交通,可能會取得較好的效果。

恰好這時,伊諾賈斯的小兒子迷上了街舞,並邀請伊諾賈斯觀看演出。節奏感十足的街舞表演讓伊諾賈斯眼前一亮,他想,如果用舞蹈的方式指揮交通,會不會讓司機眼前一亮呢?如果跳舞時自己始終面帶微笑,是不是會讓司機感到和藹可親呢?

伊諾賈斯說做就做,立刻開始學習舞蹈,並於 2010 年 1 月正式開始「熱舞交警」的指揮生涯。這種指揮方式很受路人和司機的歡迎,但同時,他的行為也引起了廣泛爭議,有政府人員指責他不穿制服,違反交通警察法則,並進行了投訴,為此,伊諾賈斯受到了處分,不得不停止跳舞,改為傳統的指揮方式。

但令人始料未及的是,這時,伊諾賈斯的粉絲們抗議了,數以千計的司機和市民跑到市政府請願,並羅列了伊諾賈斯近半年來透過熱舞指揮交通的工作成績。面對超低的交通事故率,市政府最終妥協了,伊諾賈斯得以繼續他的馬路熱舞。

得到大眾認可,伊諾賈斯的熱情更高了,他說:「我的

第二章
堅持不意味著因循守舊，與眾不同的道路成就與眾不同的人生

目標是研究一種非同尋常的交通指揮方式，最終我選擇了舞蹈，我把它們融入日常交通指揮中，效果非常好，人們心情變得放鬆，而且注意力高度集中，避免了交通事故的發生。而且，我始終面帶微笑，這極大緩解了司機和交警的緊張關係，現在我們都是好朋友。」

事實也正如他所說，路過的司機們都非常喜歡這個微笑著跳舞的老交警，並以按喇叭的方式向他表示感謝，有的人還會到附近的商店替他買來水和食物，或是乾脆留下現金。公車司機涅託是伊諾賈斯的鐵桿「粉絲」，他每天要開車經過這個路口十多次，他說：「每當看到伊諾賈斯，我都會眼前一亮，疲憊一下子消失了，他真是太帥了！」

其實，伊諾賈斯的成功祕訣很簡單，他從未將自己的個人利益放在首位，一切都是從如何做好工作、如何服務人民著手，並且拋棄了原有的交通指揮方式，不一味地堅持枯燥無味的方式，毅然選擇用跳舞的方式來指揮交通，大大降低了交通事故率，還讓自己成了「明星」！

不浪費的飯店

掰起飯店經營，業界似乎有一個共識，那就是不斷增加的可用空間與服務項目是一間飯店能否發展壯大的關鍵所在。但是，某間著名飯店卻反其道而行之，用持續的減法戰勝了競爭對手。短短五年多時間，該飯店已經擴展到 200 多間，擁有 500 多萬會員，創造了一個飯店行業的神話。

飯店創辦人朱先生在 2007 年準備進軍飯店業時，便訂下了為飯店實行減法的思路。他認為，時尚的生活理念，就是環保、適度、理性的生活方式，而實現這種理念的方式就是實行減法。

該飯店首先減掉的，就是客房面積。與經濟型飯店 20 平方公尺左右的客房相比，這家飯店的客房只有 8-12 平方公尺，最小的客房僅有 5 平方公尺多一點，但是小小的空間裡不僅包括洗手間，還有床、桌子和電視，免費 WIFI 更是全部覆蓋。這種時尚且有些另類的布置，大大迎合了當下年輕人的口味。

第二個減掉的，是成本與價格。由於客房面積小，投入成本和營運成本相對減少。朱先生是個非常仔細的人，他發

第二章
堅持不意味著因循守舊，與眾不同的道路成就與眾不同的人生

現許多中老年人有退房時掃光所有一次性用品的習慣，但是很多年輕人不會，便在飯店開張時減少了一次性用品的配備。接下來，他一鼓作氣，除了取消餐飲、娛樂設施、保險箱、熨斗外，還取消了把手、浴室門等，但與此同時，留下來的物品卻都保持了最佳配置，西班牙衛浴設備、超薄液晶電視和宜家家居，以及大廳裡公用的蘋果數位產品等設備都超過了三星級飯店的水準。

成本降低之後，飯店的入住價格也得以降低，房間為每晚500元到700元不等，比傳統經濟型飯店平均房價低30%，價格優勢更是吸引了許多中低收入客戶的目光。

最後一個減掉的有些可笑，該飯店竟然還減掉了客群範圍。朱先生將飯店消費層定位為年輕人族群，所以一切配置都為了迎合年輕人，這在無形中減去了一部分中老年人客戶。

他非常了解年輕人，他說：「隨著生活條件的提高和消費觀念的進步，現在的年輕人已經認同了適度就好的觀點，比如他們去自助餐廳不是先餓三天，再吃到扶牆而出。我對時下年輕人消費觀念有很深的了解，我的飯店就是給他們住的。」

雖然飯店定位給年輕人消費，但隨著飯店日漸知名，一些中老年人也主動來到了這間飯店消費，而吸引他們的是低

廉的價格和高品質的服務。

減掉了面積，減掉了成本與價格，甚至還減掉了客戶群體，這樣一家另類的飯店卻一飛沖天，成了飯店業的新秀，更在 2012 年獲得了 5,500 萬美元投資以及銀行 3 億元授信。

其實，仔細觀察飯店的發展過程就會發現，它一直在按照其創辦人強調的環保、適度、理性的理念發展著，在朱先生的經營下，飯店減的是成本，是價格，但絕不是品質。投資公司的眼光毋庸置疑，他們看到的不是該飯店的小巧與低廉，而是他們開啟了新的飯店理念，在這種理念引導下，小巧與低廉也成了一種時尚因素。

從某種意義上來說，朱先生經營的其實並不是堅持傳統的行銷產品，而是一種創新時尚的生活理念。試問一下，價格低廉而服務品質一直在提升，而且非常時尚與舒適，這樣的飯店怎麼會不受歡迎呢？

第二章
堅持不意味著因循守舊，與眾不同的道路成就與眾不同的人生

把家具店開到顧客家裡

英國倫敦是出了名的寸土寸金。因為地價太高，一些銷售商把店面開在遠離城市的郊區，這其中首當其衝的是家具業。家具所占空間大，且不是日用品，所以家具店都遠離市區。對倫敦人而言，購買家具是一件苦差事，他們要忍受一兩個小時的乏味車程，還要忍受高得離譜的家具價格，讓人怨言不斷。

生活在倫敦的年輕人李寧也曾深受其苦。有一次，他看中了一款沙發，一看價格卻高達 3,000 英鎊，正當他準備咬牙買下時，一位朋友打來一個電話，當朋友得知他正在為買一款沙發而苦惱時，不禁大笑起來，原來，生產這款沙發的工廠正是朋友的家族企業。

朋友告訴李寧一個驚人的祕密，這款沙發的出廠價格只有 250 英鎊，如果直接從工廠買，只需要付一筆託運費就行了。李寧大喜，他直接從朋友手中購買了沙發，省下了一大筆錢，而這次經歷也引起了他對家具市場的興趣。

他想，一件家具從工廠到顧客家中，中途有很多中間商參與，價格被不斷抬高，如果能將顧客直接與生產廠商連繫

起來，應該生意會很好。可是怎樣才能拋開中間商，把家具店「開」到普通人家中呢？李寧想到了電子商務。近年來，隨著網路發展，電子商務無孔不入，眾多行業都披上了網際網路的外衣，而家具業是網際網路尚未涉及的少數行業之一。

2010年夏天，李寧創辦了Made.com，開了網路上賣家具的先河。這個網站使用很簡單，客戶只需註冊一個帳號，就可以下訂單。與傳統公司相比，公司最大特點是生產什麼產品全由顧客決定，這也是李寧深思熟慮後的結果。那些財力雄厚的家具公司會僱用自己的採購員，前往世界各地的家具博覽會購買設計，而李寧的網路商店負擔不起如此鉅額的開銷，索性將設計選擇權交給消費者，讓他們自己選擇家具，每個月，公司都會在網站上公布一批新樣品圖，讓網友投票，得票高的產品會被納入產品庫，並向消費者開放訂購。

公司開張兩個星期，市場反應平平，一天只能接到一兩個訂單，這讓李寧捏了一把汗，他決定在一些知名的社交網路上做廣告，這個舉措立竿見影，不久，人們開始談論這家獨特的家具店，訂單開始像潮水一樣湧來。

公司的銷售流程也非常簡單：顧客選擇產品後下單，每個禮拜李寧將訂單彙總，將它們交到生產商手中，按照需要的數量和類型進行生產，產品生產完成後運往英國各地，顧

第二章
堅持不意味著因循守舊，與眾不同的道路成就與眾不同的人生

客能透過網站檢視貨物運送的路徑，追蹤貨物。貨物抵達後，公司會與客戶約好時間，送貨上門。

李寧說：「透過這種方式，我們就不需要倉庫，節約了大量成本。如果顧客從一家實體店購買一套家具，中間涉及的人包括生產商、貨運商、批發商等，消費者可能要為此多支付 2,000 英鎊，但如果直接從 Made.com 上購買，只需要支付 550 英鎊。」

巨大的價格差和傑出的品質讓李寧的網路商店風生水起。經過一年發展，現在每月有超過 50 萬人瀏覽網站，公司每天能銷售一貨櫃家具，月利潤高達 60 萬英鎊。在公司官網上，眾多造型新潮價格低廉的家具琳瑯滿目，橘子般的沙發椅、蜂巢形的書架、鏈條狀的茶几、波浪形的儲物架……應有盡有，消費者足不出戶，便能購買到心儀的家具，李寧的成功其實並不複雜，他開創了新的購物方式，一切都替顧客著想，讓顧客省時省力又省錢。試問，有哪一個顧客會對這樣的商家說不呢？

玩遊戲抓罪犯

　　玩遊戲一向被視為不務正業，特別是那些拿著智慧型手機邊走邊玩的年輕人，常常會被貼上無所事事的標籤。但是最近，波蘭警方卻高調推出了一款智慧型手機遊戲，鼓勵人們利用業餘時玩遊戲，當然，這些警察絕不是不務正業，事實上，這款遊戲是他們為搜捕嫌犯而設計的祕密武器。

　　這款名為「最高通緝」的遊戲操作很簡單，類似於更新版的連連看，要求玩家在規定時間內將通緝令上的照片進行一一匹對連線，獲得高分從而得到積分獎勵。值得注意的是，通緝令上的相片都是貨真價實的罪犯相片，玩遊戲時高度專注的精神狀態讓玩家在不知不覺中就記下了這些罪犯的模樣，這樣每位玩家都成了警方的線人。如果玩家發現了犯罪分子，他們可以立刻透過遊戲發送電子郵件給警方。

　　很快，第一名嫌疑犯落網了。這個名叫瑞比克金斯基的慣竊多次出沒於華沙知名的商舖與普通人家，偷竊了大量財物，雖然警方透過監控錄影確定了他的長相，但由於此人極其狡猾並且經常易容作案，所以一直沒有落網。在「最高通緝」遊戲上，此人的相貌與身材均被做了重點介紹，並且遊

第二章
堅持不意味著因循守舊，與眾不同的道路成就與眾不同的人生

戲中他的分值設定很高，這引起了玩家的重視。很快，一些具有此人特徵的嫌疑人資訊被玩家回饋給警方，警方經過認真分析比對，終於發現了真正的罪犯並且一舉將其抓獲。

初戰告捷讓警方大為滿意，他們安排專人負責遊戲的更新，負責將更多的罪犯資訊新增到遊戲之中。事實上，波蘭警方選擇手機遊戲這種形式也是經過市場調查的。據統計，2013年初，波蘭全國約有600萬部智慧型手機，而年底這個數字將超過1,300萬部。正是看到了智慧型手機網路的普及性與巨大資訊量，警方才決定利用這方面的有利條件，將追捕罪犯的責任分攤給全國公民，使人們參與到搜尋被通緝的重要罪犯這個難題之中。同時，波蘭公民的正義感很強，透過居民提供線索而落網的通緝犯相當多。據統計，每年大約有五分之一的罪犯是由居民提供資訊而被拘捕的，而在這款遊戲推出後，這個比例得到了明顯的提高。

波蘭警方負責「最高通緝」遊戲開發的警官皮奧特興奮地說：「目前在波蘭大約有36,000名被通緝的罪犯，差不多其中的半數被公開通緝。在遊戲上線之後，我們已經獲取了上千條有效資訊，我們相信，隨著遊戲的廣泛流行和玩家數量的增多，一些隱藏極深的危險罪犯也將會浮出水面。」

立竿見影的效果讓人們對於遊戲開發商也刮目相看，改變了一直以來遊戲公司只專注於賺錢而缺乏社會責任感的印

象。身為這個絕妙創意的實踐者，恆美公司華沙移動委員會顧問米隆紐科自豪地說：「我們用最危險的罪犯面容代替了孩子氣的圖畫，讓大家對危險記憶深刻。玩家除了可以得到積分，還獲得了成為英雄的機會。我高興地看到，遊戲上線僅僅兩天，點選率就已經超過 3,000 次。」

目前，「最高通緝」作為世界上第一款抓捕罪犯的遊戲軟體已經在安卓和 ios 系統上使用，恆美公司也計劃與全球各國警方合作，在全世界推出類似的遊戲，共同打擊犯罪行為。

將手機遊戲與現實生活無縫接軌，將無所事事不務正業轉化為勇擔責任抗擊罪犯，可以說，「最高通緝」遊戲探索出了一條私人娛樂與社會責任的雙贏之路，發揮了事半功倍的效果，體現出了網路時代管理者與時俱進的高超智慧。

第二章
堅持不意味著因循守舊，與眾不同的道路成就與眾不同的人生

請你上「床吧」

如果有個漂亮女孩對你說，請你上「床吧」，你會做何感想呢？是落荒而逃還是饒有興趣地聽聽下文？但是，無論你做出哪一種選擇，這個女孩都會讓你印象深刻。而當你明白了她所說的「床吧」的真實含義並且嘗試了，你一定會會心一笑並且成為她的常客。這個女孩名叫小麗，她有一家獨一無二的床吧。在店裡沒有桌椅，全是大小不一各式各樣的床，大膽鮮有的經營模式讓她年紀輕輕就成了富裕的小老闆。

其實，開「床吧」的創意純屬偶然。2006 年，小麗準備國考失利，她心情十分沮喪，便獨自一人出遊散心。在當地的飯館裡，她見到一張獨特的大炕，它不僅是用來休息、睡覺的床，在上面放上一張短腿小炕桌，就又成了吃飯、會客的地方。

見到這張多功能床，小麗突然想起在網路上看到的「床吧」的故事：法國國王路易十四來到一名平民女子的家裡做客，可女子家裡太窮了，連一張桌子都沒有，這時女子急中生智，把飯菜擺在了床上，於是二人在床上享用了甜蜜浪漫的一餐，路易十四對這種用餐方式非常喜歡，便命人製作了

一張既可以休息又可用餐的床,後來民間紛紛效仿。

小麗想,床象徵著溫馨、隨意、舒適,如果在生活節奏快的大城市開一家「床吧」,會受歡迎嗎?回到城市,她把這個想法告訴了朋友,大家都覺得十分有趣,聽了朋友們的話,小麗堅定了開「床吧」的信心。

2007年2月,小麗的「床吧」開業了。「床吧」裡用格子木架隔成大小不一的包廂,靠走道一側是一扇活動門,每間都配有拖鞋、矮桌、床毯等設施,這種設計能讓顧客充分感受到無拘無束的獨特魅力,或坐或臥,或吃或玩,一切隨意,這種新鮮的創意很快吸引了許多顧客。

然而,正當小麗為生意興隆而高興時,外面卻謠傳「床吧」經營不正當生意,有一些客人在床上做不規矩的事,「床吧」生意一落千丈。小麗想,要扭轉人們對「床吧」的汙名化聯想,就一定要有所改變,突出「床吧」的經營特點。於是,她把包廂的全封閉結構改為半封閉,如此一來,既尊重了顧客的隱私,又增加了「能見度」,這一改進讓謠言不攻自破。生意自然又好了起來。

雖然生意很好,但小麗一直堅持對「床吧」功能的探索。有一天,一個顧客對她說:「我很喜歡這裡舒適溫馨的環境,特別是這張床,躺在上面喝咖啡,比在咖啡館享受多了。」這番話給了小麗啟發。以前,她一直將「床吧」定義為餐廳,

第二章
堅持不意味著因循守舊，與眾不同的道路成就與眾不同的人生

每天經營中午和晚上兩個時段，卻忽略了床的最大魅力在於休閒，於是她將「床吧」重新定義為休閒場所，同時提供餐飲服務，收費改成以小時計算，食物和酒水另計，她還在門口掛上了新的宣傳語：「床是最好的休憩之地，床吧 —— 像家一樣溫馨，比家更隨意。」這一舉措令「床吧」的營業額得到了大幅提升。

如今，在「床吧」裡，人們可以與另一半共享晚餐，可以拉上三五好友共度休閒時光，多年不見的老同學可以在床吧裡擠在一張床上重溫當年住宿舍的感覺⋯⋯床的功能被充分發掘出來，人們也把對床的依戀帶到了「床吧」裡。

流行歌手當總統

2011年4月4日，米歇爾·馬德立 (Michel Joseph Martelly) 當選海地新一屆總統。引人矚目的是，馬德立並非傳統意義上正襟危坐不苟言笑的政治人物，恰恰相反，他以誇張假髮、蘇格蘭呢裙的舞臺形象和帶有政治味的海地孔帕音樂走紅歌壇，是一名極受歡迎的流行歌手，被稱為「甜蜜米奇」。那麼，他是如何從一名流行歌手成為總統的呢？

馬德立1961年出生在海地首都太子港一戶富裕家庭，他性格外向樂於助人，從小就表現出極高的音樂天賦。高中畢業後，馬德立進入軍事學院學習，但生性自由的他很快因違反校紀被開除，退學後的馬德立第一次開始思考制度與公民的關係，這也促使他決定移民美國。

在美國，馬德立進行了專業的音樂訓練，音樂素養不斷提升，同時，美國的自由民主思潮也深深影響了他，雖然身在美國，他也一直關注著自己的國家，海地動盪的政局讓他常常擔心不已。1987年，他不顧家人反對，毅然回到了海地。

最初，馬德立想用音樂為災難深重的海地人民帶來歡

第二章
堅持不意味著因循守舊，與眾不同的道路成就與眾不同的人生

樂，他選擇了海地傳統藝術康巴斯。康巴斯是海地獨有的音樂類型，素有「海地的佛朗明哥」之稱，馬德立創作了十幾張康巴斯舞曲專輯，在將康巴斯發揚光大的同時，他也成為家喻戶曉的流行歌手。

促使馬德立參加總統選舉是因為一件小事。在一次演出時，他目睹了幾名忠實歌迷被粗暴的警察強行帶走，而罪名卻是莫須有的「妨礙公共安全」，當他為歌迷據理力爭時，竟然受到了幾個警察的公然索賄。這件事讓他深深意識到，海地國內的腐敗與體制的弊端已經到了不可救藥的地步，而僅用音樂已經無法改變國家的現狀，也不會為同胞帶來真正意義上的幸福。

2010年11月，49歲的馬德立宣布參加總統競選。此時，他已是4個孩子的父親，並且沒有任何從政經驗，但他在選舉中表現很出色，充分利用流行歌手的身分，將自己的政治主張音樂化。見慣了政治的枯燥與膚淺的海地選民很快被吸引了過來，而在競選期間，他打出的消除腐敗、推行改革等「變革牌」，更是贏得了海地年輕人的極大支持。

但是，第一輪投票結果卻讓人跌破眼鏡，馬德立名列三名候選人的最後一名。投票結果公布後，海地幾大城市相繼發生大規模抗議活動，抗議者指責執政黨徇私舞弊。迫於壓力，2011年1月，團結黨候選人塞萊斯廷退出了競選，馬德

立進入了第二輪角逐。

經過第一輪投票風波,第二次投票過程被要求必須公正有序。2011年4月,海地選舉委員會公布了第二輪投票初步計票結果,馬德立以壓倒性優勢擊敗了另一候選人馬尼加。

雖然贏得了選舉,但馬德立並未因此驕傲自滿,他坦然承認曾經吸食古柯鹼,但目前已經成功戒毒。此外,反對派質疑他從政「零經驗」加上不羈的個人形象無法勝任總統職務,但馬德立並不在意,他公開宣布了自己的工作計畫,半年內將著手處理海地急待解決的問題:第一要務是幫助地震災民走出帳篷,並採取措施應對霍亂、發展農業,然後是清除腐敗、改革民主制度等。

馬德立說:「我們需要變革消除腐敗,讓司法系統正常運轉,強化政府職能,讓警察各司其職,我們需要重塑政府形象,讓人民安居樂業,對此,我充滿信心!」

流行歌手能當選總統,正是因為他有一顆深愛國家的赤子之心和為人民謀福祉的高尚情懷。

第二章
堅持不意味著因循守舊，與眾不同的道路成就與眾不同的人生

酷酷地去賺錢

1982 年，在比爾蓋茲創立微軟 7 年後，史考特‧麥克尼利創辦了「史丹佛大學校園網」，簡稱 Sun。20 年之後，他的公司一躍成為全球最大的 UNIX 系統供應商，位列《財星》500 強。

生活中的麥克尼利是個「酷酷」的人，他說：「我為一家很酷的公司工作，有很酷的產品，還會做很酷的事情。」

他的個性也決定了他的成功注定會與眾不同。29 年來，麥克尼利一直以挑戰者和創新者的面目出現，身為「挑戰微軟聯盟的領袖」，他與微軟競爭了 15 年，一直號召人們為「擁有更多選擇」而戰，他還率先提出「網路就是電腦」的獨特理念，始終使 Sun 保持不倦的創新者形象。

「沒有選擇，就沒有競爭。沒有競爭，就沒有創新。沒有創新，你也就什麼都沒有。」他最喜歡說的這句話表明了他身為「IT 鬥牛士」的力量來源。2001 年，在接受《商業週刊》專訪時，麥克尼利說出了他那段著名的宣言：「現在我還不能退休。我第 4 個兒子就要出生了，我不想他將來生活在一個沒有自由的 IT 世界裡。」

工作中，麥克尼利從不會放過任何一個炮轟對手的機會，很長一段時間裡，Sun 和微軟的深仇大恨一直是人們津津樂道的話題。身為網路領域的領導者，麥克尼利對與他經歷相似的比爾蓋茲堅持壟斷的做法批評不斷。他說：「Microsoft 不共享，IBM 不共享，Apple 不共享，而我們一直遵守開放的承諾，促進多種選擇，提供創新技術，讓共享和溝通的技術進入標準化執行的過程。」

不過，當年的恩仇如今都已成歷史。2004 年 4 月，Sun 和微軟破天荒地達成合作協議，微軟同意付給 Sun 高達 19.5 億美金的「和解費」。「現在，我偶爾會與比爾蓋茲在洗手間相遇。」麥克尼利以輕鬆的玩笑來形容兩家公司的「相逢一笑泯恩仇」。

雖然停止了與微軟的競爭，但麥克尼利不會因此而停止戰鬥，他又找到了新的目標：IBM。

「整個 IT 業能提供全方位解決方案的『卡車製造商』只有 Sun 和 IBM，但 IBM 不洗車、不保養，也不能讓卡車有效執行下去。」麥克尼這樣來形容 IBM 在管理服務方面的「糟糕表現」，而他與 IBM 的競爭也就此開始，並一直持續到現在。

身為「大蕭條時期一代」的下一代，麥克尼利生活在一個和平的年代，生活中沒有什麼負面的東西，但也許正因為此，創新與迎接挑戰的焦慮才能深入他的骨子裡。

第二章
堅持不意味著因循守舊，與眾不同的道路成就與眾不同的人生

麥克尼利說：「當你感到十分安全的時候，往往什麼事情也做不成。幾乎沒有哪個 CEO 能夠連續兩年心安理得地在海灘上晒太陽。不安全感是我做事的動力，為了消除這些不安全感，我們必須做一些事來證明自己。」正是由於這種「不安全感」，Sun 公司才不斷創新，也正是由於其不斷創新，麥克尼利才有資格向微軟和 IBM「叫板」。

酷酷的麥克尼利就這樣幾十年如一日保持著自己的個性，在 IT 界闖出了屬於自己的一片天地，他也實現了自己「酷酷地去賺錢」的理想，為所有渴望成功的年輕人樹立了榜樣。

其實，只要堅定目標不斷前行，再大的困難也會迎刃而解，而在這個過程中保持一份灑脫與個性，就會在無形中增加自己獲勝的籌碼。

垃圾的無限可能

堆積如山的垃圾總是讓人心生反感,但是,在美國人湯姆‧薩奇眼裡,它們卻是一些充滿著無限可能的珍寶。在他眼裡,人們隨手扔掉的果汁包裝袋可能會是一個鉛筆袋,一張被丟棄的唱片可以變身為掛鐘,糖果紙也可以變成漂亮的風箏。

現年29歲的薩奇是美國紐澤西州地球循環公司總裁。這位總裁總是一副鬍子沒刮乾淨、邋裡邋遢的模樣,說話速度快得像機關槍,但他卻被稱為美國的「垃圾大王」。他的公司不像普通資源回收公司那樣把垃圾粉碎、分解或製成漿再做成其他東西,而是收集各種廢棄包裝後,想辦法讓它們「重生」變成另一種商品。

薩奇在普林斯頓大學讀一年級時,利用蚯蚓的排洩物製成了一種有機肥料,他認為其中商機巨大,便決定放手一搏。於是他從大學退了學,然後透支了所有信用卡,傾其所有,成立了地球循環公司。他用大型餐廳的剩飯剩菜養殖蚯蚓,並將蚯蚓的排洩物製成肥料出售,這種廉價又環保的綠色肥料一上市就大受歡迎。薩奇從「糞便」中淘到了人生的第一桶金。

第二章
堅持不意味著因循守舊，與眾不同的道路成就與眾不同的人生

　　資金充裕後，薩奇開始更多地思考那些被人廢棄的垃圾的內在價值，最終，他把目光定格在那些造價不菲的食品飲料包裝袋上。他發現，包裝袋具有保溫、防腐、不變質等特點，而且圖案花俏，很適合進行二次利用。很快，他用果汁包裝袋製作出一種造型別緻而且經濟耐用的鉛筆袋，恰在此時，他聽說在加拿大某處存放了 2,000 萬個回收的 capri-sun 果汁袋，這些果汁袋被壓成一堆堆又黏又臭的垃圾塊等待處理。薩奇立刻趕到那裡，說服加拿大官員把這堆可怕的垃圾交給了他，他將包裝袋進行殺菌處理後逐一挑揀出來，然後透過簡單的人工製作，將它們變成了一個個美麗的鉛筆袋。這種創意十足獨樹一幟的鉛筆袋上市後大受歡迎，而薩奇所付出的成本卻只是金額很小的殺菌處理費和手工製作費。正是藉助這種鉛筆袋，薩奇一舉奠定了「全美垃圾大王」的地位。

　　薩奇總是強調「自然界沒有垃圾」，他也將這種理念作為自己公司的經營方針。在他不遺餘力的推動下，公司員工也紛紛動腦開發出許多富有創意的新產品。在地球循環公司的辦公室裡，各式各樣的垃圾都在經歷著自己的「第二春」，例如，優酪乳瓶改造成花盆，零食包裝袋做成浴簾等等。目前，公司 85 名員工製作的商品已多達 200 餘種，並且全部順利通過檢測，許多已經在零售企業銷售。

如今，薩奇公司的市值已經達到 800 萬美元，並已進軍墨西哥、加拿大、英國和巴西。因為眼光獨到，公司所需原材料成本幾乎為零，而且因為行業的獨特性和超低的價格，公司在市場上幾乎沒有競爭對手，發展始終一帆風順。

在薩奇的努力下，那些花花綠綠的垃圾都變成了花花綠綠的鈔票。試問如果薩奇也堅持著人們對垃圾的固有認知，還會有現在的成功嗎？拋棄對垃圾的固有認知，讓垃圾變廢為寶，而讓它們之間畫上等號的正是薩奇那顆不斷創新的心靈和那雙善於發現的眼睛。

第二章
堅持不意味著因循守舊，與眾不同的道路成就與眾不同的人生

流浪漢成為氣象先生

在世界各地的電視節目裡，天氣預報都是觀眾最關注的節目之一。為了提高收視率，讓觀眾看著舒服聽得仔細，電視臺總是找一些美女或是帥哥充當氣象預報員，但是最近，羅馬尼亞一家電視臺卻請來了一位特殊的氣象預報員，他竟然是一位露宿街頭無家可歸的流浪漢。

這名流浪漢名叫阿布拉姆，今年42歲，過去十年間一直在布加勒斯特的街頭流浪，過著餐風露宿食不果腹的日子。2012年冬天的一個晚上，阿布拉姆正在一個街角凍得瑟瑟發抖，一個人突然來到他的身旁，輕輕地為他蓋上了一條毯子，阿布拉姆向這個好心人投去了感激的目光。那人自我介紹說名叫帕吉特，是薩奇柏林廣告公司的創意總監。他說他的公司正在製作一檔名為《希望之日》的節目，希望阿布拉姆能夠加入。

聽說有工作可做，阿布拉姆喜出望外，他立刻直起身子，和帕吉特交談起來。阿布拉姆得知，《希望之日》以前是一檔以天氣預報為主要內容的廣播節目，這檔節目以熱心公益著稱，常常在節目中增加一些幫助弱者的元素，希望藉助節目喚醒人們對於弱者的同情心。帕吉特有意將其改為電視

節目,他希望能找到合適的人來充當氣象預報員,以達到宣傳公益的目的。經過反覆調查,公司上下一致認為,流浪漢是最適合的人選,特別是東歐的流浪漢。

聽到這裡,阿布拉姆沉默了。由於他常年露宿街頭,所以對溫度變化有著最直觀的感受,特別是在冬季來臨時,由於羅馬尼亞地處東歐,冬季經常會有零下二十多度的低溫出現,常常會發生流浪漢受凍身亡的悲劇,而他本人也有差點被凍死的經歷。

帕吉特對他說:「我們這個節目想藉助天氣預報這種形式,向人們介紹流浪漢的生存困境,我們希望得到更多人的關注,並引發大家對這個問題的討論。最重要的是,我們希望此舉能夠讓人們增加對流浪漢的捐款幫助。」

聽了帕吉特的話,阿布拉姆被深深感動了,他當即表示會無償幫助薩奇柏林廣告公司完成這檔節目。

2013 年 1 月,當蓬頭垢面的流浪漢阿布拉姆出現在電視螢幕裡,繪聲繪色地為大家講解明天的天氣時,所有觀眾都在第一時間被震攝住了,但隨即,他們都被這位流浪漢動情的講述吸引住了。

節目中,阿布拉姆根據天氣變化結合自己的親身經歷現身說法,提醒人們應當注意些什麼。他告訴觀眾,自己露宿街頭時,最害怕的就是惡劣的天氣,但自己沒有電視機,無

第二章
堅持不意味著因循守舊，與眾不同的道路成就與眾不同的人生

法收看天氣預報，只能在惡劣天氣來臨時硬撐著。記不清有多少次，自己被突降的暴雨淋得全身溼透，被驟起的寒風凍得瑟瑟發抖，自己無暇欣賞漫天的飄雪和雨後的彩虹，因為生存對一個流浪漢來說才是最重要的，電視機前的觀眾可能不會了解，在羅馬尼亞的街頭有許多這樣的流浪漢，他們需要人們的幫助。

《希望之日》播出後，立刻引起了巨大的轟動，並發揮了立竿見影的效果。在街上，人們停下忙碌的腳步，把目光投向那些無依無靠的流浪漢，並給予了他們更多的幫助。在下雨天，有人會為流浪漢送去雨傘；下雪天，有人會為他們送去煤爐和煤球，還有人會為他們提供棉被棉衣甚至一些臨時居所。

目前，除了羅馬尼亞，俄羅斯也已經參與了這個節目，而德國、瑞士、波蘭等一些歐洲國家也正在尋求加入。

帕吉特在接受媒體採訪時說：「很高興人們喜歡這檔節目，但我要說的是，我希望人們不僅僅是關注節目，更要拿出實際行動，幫助那些需要幫助的人。我可以肯定地告訴大家，我們的天氣預報非常科學準確。在日常生活中，總有一些極端天氣出現，讓我們出門變得困難，心情黯淡，我想，我們不能改變惡劣的天氣，但我們能改變壞心情，因為，只要我們伸出援手幫助那些弱者，我們就一定可以擁有一個始終陽光明媚的好心情。」

那些「奇葩」辦公室

當今社會，人們的工作節奏越來越快，生活壓力也越來越大，有相當一部分人得了「辦公室症候群」，一旦進入單調乏味的辦公室，就會產生一股厭煩與抗拒的情緒，而因為久坐，上班族還常常出現頭痛、耳鳴、聽力下降或記憶力減退現象，嚴重者還會出現心慌、心悸、心律失常等症狀，身體與心情雙雙不佳，自然會影響工作效率，這是任何制度都難以解決的一個大難題。

針對此，世界各地的公司企業都絞盡腦汁，想找到一個合適的方法解決這個問題，於是，很多創意十足的新型辦公室出現了。設計者充分考量傳統辦公室帶給員工的負面效應，有的放矢，營造出了一個個更加人性化的工作環境。

這其中最著名的當屬一直以創意著稱的 Google 公司。在瑞士蘇黎世的 Google 分公司有一種「豌豆莢屋」辦公室，一個個淡綠色豌豆狀的辦公室佇立在花草樹木之間，員工要進入辦公室，就要穿花繞樹而過，開啟如一粒豌豆般小巧可愛的辦公室，或溫暖或靜謐的色調因人而異，讓每一名員工都能在工作之餘，接近自然，放鬆心情；位於世界滑雪聖地的

第二章
堅持不意味著因循守舊，與眾不同的道路成就與眾不同的人生

Google蘇黎世分公司還有一種精巧的滑雪纜車辦公室，類似滑雪纜車的工作室配上幾乎可亂真的虛擬雪地和燈飾，員工們彷彿置身於滑雪聖地，心中的浮躁頓時消失殆盡，工作起來自然精神百倍。

Google的理念是讓工作與自然合而為一，虛擬出一個自然環境。西班牙的Selgas Cano建築師事務所則將自己的辦公室直接搬進了大自然，這也與他們一直倡導的環保、自然的建築風格不謀而合。透明的玻璃牆體讓員工在工作時彷彿置身於大自然之中。看著窗外滿地的落葉，聆聽著鳥語蟲鳴，員工在「鋼筋城市」之中壓抑的心靈得到了最大程度的釋放，這對於從事創意建築工作的事務所員工來說，是彌足珍貴的。

其實，在現代社會，辦公室不僅是工作場所，更是一種生活場所。壁壘森嚴的辦公室已經被證明不利於員工身心健康，所以，許多追求復古生活方式的辦公室浮出水面並受到了極大歡迎。美國波特蘭市Wieden+Kennedy廣告公司有一種「鳥巢」辦公室，從遠處看完全就是一個巨大的鳥巢，用貨真價實的稻草與樹枝搭建而成，鳥巢內的設施也是盡顯簡樸，岩石狀的辦公室桌椅和羽毛狀裝飾物讓人如同真的身處一個大鳥巢之中；瑞典的Bahnhof網路供應商則有一種「洞穴」辦公室，位於一條人工開鑿的岩石隧道之中，工作人員

穿越隧道進入辦公室，彷彿進入了另一個世界，久違的好奇感與探索勇氣再次被激發了出來；美國匹茲堡的創新工廠 Inventionland 則乾脆把辦公室放在了一棵棵巨樹的身體之中，坐在「樹屋」辦公室裡，目之所及是涓涓溪流、花草樹木，彷彿置身於森林之中，頓時心情愉悅精力十足。

當然，辦公室畢竟還是工作場所，應當找到一個工作與舒適的最佳結合點，這樣才能事半功倍。這一點上做得最成功的是全球動畫公司巨擘美國皮克斯公司，他們直接將動畫場景搬進了辦公室裡，辦公室是一個個卡通小木屋，每個小木屋裡都醞釀著無盡的創意，許多卡通人物和場景都活生生地走進了辦公室中，最近更是加入了 3D 立體技術，讓員工有了身臨其境之感，與卡通人物朝夕相處，許多天才創意滾滾而來，公司業績自然蒸蒸日上了。

這些創意十足的「奇葩」辦公室不僅提高了工作效率，更體現了公司對員工的尊重與關心，使員工從心底裡願意貢獻自己的聰明才智，這是一個絕對雙贏的結果。

第二章
堅持不意味著因循守舊，與眾不同的道路成就與眾不同的人生

用詩歌治病的德國人

詩歌是什麼？它帶不來權力，也帶不來財富，但它就像清晨的鳥鳴聲和春天的花草香味一樣，讓每個人都陶醉其中——它是一種精神食糧。在此之外，詩歌是否還有其他作用呢？答案是肯定的。近日，德國的一些醫療機構和詩人們聯手，挖掘出了詩歌的另一種功用——治療失智症。

三年前的秋天，德國柏林的青年詩人拉爾斯·魯佩爾在一次公益活動中來到一家養老院，這裡的老人有很多都患上了失智症，魯佩爾為他們朗誦了德國著名詩人里爾克的名篇〈秋日〉，伴隨著他深情的朗誦，原本一直躁動不已的老人們竟然漸漸安靜了下來，等到魯佩爾結束朗誦時，有幾位老人竟然流下了淚水。一位名叫赫爾曼的老人走到臺前，緊緊握住了魯佩爾的手，對他說：「你的朗誦讓我彷彿回到了少年時代，謝謝你孩子！我想起了很多往事，原來我以為它們都已消失了。」這一幕讓養老院的醫生們驚喜不已，原來，赫爾曼是一位嚴重的失智症患者，頭腦一直無法清醒，沒想到，一首詩歌居然產生了這樣的奇效。事後，經過統計，這次詩歌朗誦竟然讓七位患有失智症的老人病情有了不同程度的緩解。

魯佩爾驚喜不已，身為一名文學青年，他一直致力於追求高尚的精神境界，鍾愛的詩歌竟有如此的功效，這讓他突然有了一個大膽的想法：為什麼不把詩歌用於治療這些患有失智症的老人呢？

接下來，魯佩爾透過網路等媒體把自己的想法表達了出來，很快，他得到了來自美國紐約詩人加里‧格拉茨內爾的響應，兩人成立了名為「阿茲海默症病人詩歌康復計畫」的聯合工作室，向照顧失智症病人的護理者傳授相關技巧及招募青年志工直接與病人面對面交流。他們把這個計畫稱為「喚醒沉睡的詞句」，旨在用過去很受歡迎的老歌和膾炙人口的詩篇來幫助失智症患者喚起深度的記憶，從而對失智病症產生有效的輔助治療作用。

魯佩爾把計畫的第一站放在柏林的那家養老院，在那裡，他再一次見到了赫爾曼，令他驚喜的是，赫爾曼竟然能夠獨立朗誦一段詩句了。活動中，他和赫爾曼共同完成了一首詩歌的朗誦，和其他兩位老人一同吟唱了一首老歌，活動取得了空前的成功。經過媒體報導，魯佩爾的計畫很快傳遍了全德國，並受到了極大的關注。

由於這種新穎的治療方式效果奇佳，魯佩爾的計畫很快在全德國得到了推廣。他們招募的志工深入到各地的養老院和醫院，組織開展了一系列活動，志工根據聽眾的年齡和經歷精選

第二章
堅持不意味著因循守舊，與眾不同的道路成就與眾不同的人生

出適當的詩句和歌曲，在活動中面對失智症患者聲情並茂地朗誦那些著名詩歌和吟唱那些曾經流行的老歌。當聽者的注意力被這些熟悉的詩句和旋律抓住時，就會自己隨著吟誦出的詩句打起拍子，一些沉睡的記憶會被喚醒，亂成一團的大腦會被重新梳理成型，失智症在不知不覺中得到了緩解和治療。

護理專家歐內斯特表示，這種用生動活潑的詩句和老歌喚起病人深度記憶的做法被證明是切實可行的。雖然患者短期記憶功能發生缺陷，但是深度長期的記憶仍然保持完整並能夠被適時喚起。而當病人的深度記憶被激發出來，並意識到自己還具備某種行為能力時，這種方式對於病人自身身體及腦力機能可以發揮良好的激勵和刺激作用。

目前，魯佩爾的團隊已經擁有上千名志工，共計造訪了德國各地 50 多家養老院，並幫助培訓了大量的護理人員。魯佩爾說，這種方式可以幫助克服平淡單調的生活對失智症患者自我表達能力的阻礙，對治療疾病具有非常好的輔助作用，而這一計畫的推廣也讓曾經一度曲高和寡的詩歌重新獲得了德國主流社會的關注，讓詩歌回歸到它最初的本真與美好，讓這個曾經湧現出無數優秀詩人的國度再次出現了「詩歌熱潮」。

在創意的魔法下，詩歌和疾病本無任何關係，卻產生了非常巧妙的作用。在生活中，只要我們肯拋開一些傳統認知，就會發現事物之間的巧妙連結，從而為我們所用。

第三章
選擇有意義的堅持，
讓自己成為人生「不倒翁」

　　每個人的人生際遇都各有不同，但對於實現個人價值的渴望卻總是一致的，那麼，該怎樣去面對多變的生活，怎樣選擇有意義的堅持，才能精誠所至金石為開，成為生活浪潮中的「不倒翁」呢？

第三章
選擇有意義的堅持,讓自己成為人生「不倒翁」

婁師德的處世法則

婁師德與狄仁傑同為武則天當權時的宰相,但兩人性格迥異。狄仁傑疾惡如仇愛恨分明,婁師德則唯唯諾諾不思進取。其時酷吏當道,狄仁傑幾度受到迫害,浮沉數次,婁師德卻始終穩坐宰相寶座,歷經數載而不倒。

這與婁師德的處世法則有很大關係。他盡責、努力、與人為善,可他最大的特點卻是習慣於逆來順受,就算有人當面向他吐口水,為了不激怒對方,婁世德絕對不會擦。世人都認為婁師德是個沒骨氣的人,故步自封小心翼翼,朝中有氣節之人,如陳子昂、狄仁傑等人都不屑與之為伍,但是,武則天卻異常喜愛婁師德,這引起了朝中大臣的不滿。其中,與婁師德同為宰相的狄仁傑意見最大。有一天,狄仁傑向武則天上疏,要求將自己與婁師德的辦公地點分開,因為這個婁師德為人確實寬厚,但性格懦弱,身居要職卻不思進取,狄仁傑的潛臺詞其實就是要武則天把婁師德的宰相職位給撤了。

武則天明白狄仁傑的意思,她問:「宰相之職不可隨意更換,我想問愛卿,師德是賢人嗎?」

狄仁傑想了想,說:「師德為將能固守邊陲,多年來抵抗吐蕃入侵,功勞甚大,但從不主動出擊,也誤了不少戰機,忠誠可嘉,但賢能不足。」

武則天搖了搖頭,說:「儀鳳三年,唐軍 18 萬兵馬大敗於吐蕃,有全軍覆沒之險,是婁師德挺身而出,收集散亡將士,隨後,又出使吐蕃,宣揚休戰求和之意,以此穩住吐蕃,趁機鞏固防線,這才有後來大將黑齒常之在良非川大勝吐蕃軍之輝煌。試問愛卿,師德不逞一時之勇,不以一己之私,甘願背負罵名與異邦議和換來大唐安寧,可是賢人?」

見狄仁傑無言以對,武則天又問:「身為宰相,師德知人善任否?」狄仁傑搖頭說:「臣與他同朝為官,沒聽說過他知人善任。」

武則天話題一轉,說:「狄愛卿知人善任,推薦了不少賢才,但愛卿知道是誰推薦你的嗎?」

狄仁傑說:「臣實不知。」

武則天淡然說:「你成為朕的知卿,便是師德傾力推薦的,而你官至宰相,也是師德力保之功,朕覺得他可是知人善任啊!為人賢道又知人善任,朕覺得,師德不負宰相之名啊!」

得知真相的狄仁傑慚愧不已,他仰天長嘆,從此後,逢人便說:「婁公盛德,我詆毀他,看不起他,卻不知竟被他包

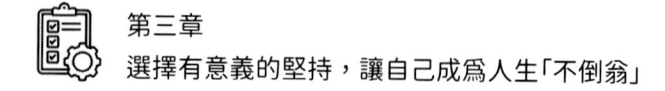

第三章
選擇有意義的堅持，讓自己成為人生「不倒翁」

容了這麼久，跟婁公相比，我真是比不上啊！」

翻開歷史，婁師德武能抗擊吐蕃數十萬大軍，文能安大唐三千萬子民，卻一生聲名不顯毀譽參半，都是他獨特的處世原則造成的。

但歷史終會給一個人公正的評價。在酷吏橫行的武周王朝，要明哲保身又要實現濟世安民之抱負，必須有自己獨特的方法，這一點，其實正是婁師德的大智慧與大才能所在。這個看似私心極重只注重自身安危的懦弱宰相，實則正是武周王朝得以興盛強大的中流砥柱。

魯智深的「智慧生存」

粗看起來，魯智深似乎與其他的梁山好漢沒什麼不同，他疾惡如仇，性如烈火，魯莽貪杯，但細看他的一生，卻發現，他又與其他梁山好漢有著很大的不同。

首先，他沒有受過牢獄之災，沒有官逼民反的無奈。林沖、武松、宋江等，這幾個《水滸傳》中濃墨重彩的人物無一例外的入過獄、受過刑，然後才下了決心造反。唯有魯智深，看似粗野，實則精細，打死鎮關西成為逃犯是因為打抱不平，並不是為了一己私利，在打死鎮關西後，他還假意怒罵：「你這廝裝死！」替自己留下寶貴的逃跑時間。後來，魯智深藏身寺院，表面上不知收斂，喝酒吃肉，醉打山門，實際上卻一直關注著朝廷動向，把自己的罪犯身分藏得很深，一直到占據二龍山落草為寇，徹底反了，魯提轄的身分才徹底曝了光。可以看到，無論是醉打鎮關西，搶占二龍山，還是後來在梁山衝鋒陷陣，魯智深都是率性而為，一路走來，活得既灑脫又安全，比那些苦大仇深一身血淚的梁山好漢不知道強了多少。

其次，魯智深沒有忠君的思想，始終保有獨立思考的個

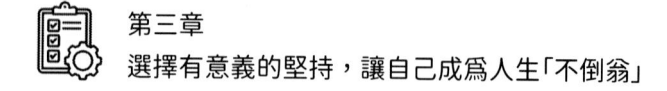

第三章
選擇有意義的堅持，讓自己成為人生「不倒翁」

性，這在當時是極為稀少的。按說魯智深也算是「國家公務員」出身，但這皇糧說扔就扔了，後來的日子裡，他也一直沒把朝廷當回事。在他的心中，只有好壞對錯，沒有身分利益，可以說，魯智深是一個極具現代民主思想的人。後來要上梁山，魯智深依然沒有盲從別人說起及時雨宋江，無一例外地崇拜，他卻說：「我只見今日也有人說宋三郎好，明日也有人說宋三郎好，可惜灑家不曾相會，眾人說他的名字，聒得灑家耳朵都聾了。」不跟風，不盲從，正是這種獨立思考的態度讓魯智深始終保持著清醒的頭腦，從來沒有做過利令智昏感情用事的錯事。

再次，魯智深還是梁山好漢中少數具有策略眼光的人，懂得審時度勢。他深知宋江忠君思想嚴重，靠自己一人的力量難以改變宋江的計畫，但他沒有完全放棄。活閻羅阮小七偷換御酒被他發現，魯智深恰到好處地罵道：「入娘撮鳥，忒殺欺負人，把水酒當御酒來哄俺們吃！」這一罵不要緊，卻拉來了一幫同仇敵愾的兄弟，劉唐、武松、史進等反對招安派和中立派立刻借題發飆，魯智深的一句罵就讓朝廷精心設計的陰謀破了產，大大推遲了梁山的覆滅日期。梁山好漢被招安後，魯智深預先替自己準備了後路，征方臘回軍途中，他聞錢塘江潮信，便藉機遠離軍中，遊歷江湖，後來在杭州六合寺圓寂而死，最終得以善終。

更為可貴的是，魯智深明明具有獨立思考的個性，卻又非常合群。到了任何一個環境，他都能迅速適應，和大家打成一片。在二龍山，他和林沖、楊志把山寨經營得井然有序，到了梁山，他穩坐第十三把交椅，不參與任何派別爭鬥，卻能影響每一個重大決定；違心接受招安後，他處處維護梁山利益，征討方臘時，他有勇有謀力擒方臘立下大功，卻又堅辭獎賞，只求保得梁山兄弟平安。魯智深的種種作為無不體現出他是一個優秀的管理者和真誠的朋友，可以說，魯智深的為人處世之道值得許多現代職場人學習與借鑑。

身懷絕技不自傲，待人遇事不自矜，該出手時就出手，該放手時就放手，始終保持著客觀冷靜的頭腦。如此看來，魯智深絕對是一個具有大智慧的人，他的一生在外人看來豐富多彩，自己過得則是有滋有味，絕對不枉此生。

第三章
選擇有意義的堅持,讓自己成為人生「不倒翁」

一扇神奇的玻璃門

朋友執意要將辦公室的門換作玻璃門,於是便出現了一個奇景:在森嚴的辦公大樓內部,舉目望去,兩側清一色暗紅色屋門之中,竟夾雜著一扇透亮的玻璃門,每當來回行人將目光定格於此,大樓內壓抑的氣氛竟被清掃一空,所有人心頭都感到了一片明媚。

朋友供職於一個大企業的機關部門,雖然不是什麼重要部門,卻也是每天人來人往絡繹不絕。更換玻璃門之前,所有來辦事的人都是心中惴惴不安,小心翼翼地行走、敲門,還經常得不到任何回應,屋內屋外儼然是兩個世界。其實,屋內人有時確實不在,有時則是沒有聽到低沉的敲門聲,也有少數時候是怕麻煩或是正在做與工作無關的事情,所以沒有及時開門。一扇厚厚的門擋住了這些或理直氣壯或晦澀曖昧的理由,只是,這扇門卻擋不住如瘋草般蔓延的負面思想,門外人漸漸將所有拒絕都誤讀成了敷衍甚至瀆職,久而久之,壓抑的情緒終於爆發,大樓內發生了幾回大的爭執。

朋友辦公室的門正是在一次大規模爭執中被損壞的,朋友沒有像其他同事一樣簡單的換上一扇更嚴實的門,而是突

發奇想,換上了一扇透明的鋼化玻璃門。

在同事們的笑聲中,朋友的玻璃門成了機關大樓的一道風景。但說來奇怪,自從玻璃門出現之後,大樓中產生的爭執明顯減少了,因為所有來人都可以透過玻璃門看到正在專心工作的朋友。朋友耐心解答前來辦事者心中的疑問,即便不能解決問題,也可以在他那裡喝到一杯熱茶,聽到幾句問候。

半年之後,朋友被破格提拔為單位負責人。原來,玻璃門吸引了上級的注意,每一天上級都會有意無意地來看看,透過完全沒有任何遮擋的玻璃門,朋友辛勤工作或是熱心助人的模樣被上級看在眼中,記在心裡。

搬入了新辦公室,朋友做的第一件事,就是把暗紅色厚實的門換成透明的玻璃門。

朋友說,現在這個時代生活節奏太快,人與人之間交流太少,偏偏還有那麼多門擋住了彼此的視線,這些門擋住彼此目光的同時,也擋住了彼此的心。這扇玻璃門,能讓別人看到自己,對自己來說是種促進,對別人來說是種信任,工作時間每個人就應當是公開透明的,特別是服務機關。所以,自己不論擔任什麼職務,辦公室的門一定會是透明的。

朋友的話令大家恍然大悟,原來,這扇玻璃門在無形中拉近了人的距離,溫暖了彼此的心。試想一下,心都在一起了,還有什麼問題是解決不了的呢?

第三章
選擇有意義的堅持，讓自己成為人生「不倒翁」

先放下背上的那座山

單位最近來了一個年輕人，剛剛大學畢業，意氣風發豪情壯志，在自我介紹時便流露出一股要做大事的傲氣。

可沒過多久，我就發現這個年輕人委靡了，工作成果很差。透過觀察我發現了癥結所在，這個年輕人雖然很聰明，但骨子裡有股傲氣，平時很少請教同事問題。雖然我們單位是科學研究單位，專業性比較強，但工作經驗同樣重要。因為不願請教同事，這個年輕人走了不少彎路，耽誤了不少時間，工作進展緩慢，漸漸地，就變得無精打采了。

趁著中午閒聊，我講了一個故事給他聽：

從前有一個道士，苦苦修了多年的道，道觀裡各種修道書籍堆得比一座山都高，但他卻始終無法得道。後來，他聽說一座高山上有一位得道高人，於是他決定前去求教。為了讓自己能更快的參悟，不浪費登山的時間，他背著一些尚未參透的書籍出發了。每天累了就讀書學道，可一天兩天還行，轉眼十天過去，這道士遇到難題了，山路陡峭攀登極難，加上背上的書太沉，他既不願捨棄書籍，又無法背著這麼重的書登上山頂，進退兩難，心中煩躁，最後別說悟道

了,反而進了歪道,沒登到山頂,在半山腰就精神崩潰了。年輕人聽了這個故事,哈哈一笑,說這道士還真笨,分不清輕重主次,這登山求教才是最重要的,背著這麼重的一座「書山」,不是自討苦吃嗎?

我笑著說,說得沒錯,背著一座「書山」,怎麼能登上一座山呢?當局者迷旁觀者清,這道士不明白,其實丟了背上的「書山」,或許不用登山求教,他也能得道。

聽到這裡,年輕人沉默了,過了一會兒,他對我說了聲「謝謝」,然後轉身走了。

現在,這個年輕人已經出色地完成了他的第一個科學研究任務,登上了工作之後的第一座小山。看著他每天謙恭從容的樣子,我知道,他已經把背上的那座山放下了。

第三章
選擇有意義的堅持，讓自己成為人生「不倒翁」

別讓光芒遮住雙眼

從小到大，他一直頭頂光環，在學校裡是優等生，在家中是寶貝獨子，誰都喜歡優秀的他。

在這種環境下，他慢慢長大了，或許是習慣了眾星捧月般的待遇，他變得越來越高傲放縱，但他自己卻沒有注意到，許多朋友和同學都悄悄遠離了他。大學畢業後，家裡託關係替他找了一份不錯的工作，坐在寬敞的辦公室裡，他志得意滿，但是很快，他就發現在這所政府機關大樓裡，他根本得不到應有的重視，人們各忙各的根本無暇關注他，上級每天除了交代他一些日常工作之外，根本懶得跟他多說一句話。

被人輕視的感覺令他很不高興，於是，他開始在部門發牢騷，對安排的工作敷衍了事，終於有一天，上級把他叫到辦公室狠狠訓斥了一頓，他委屈地跑回家裡，再也不願上班了。

漸漸地，他得了自閉症，終日待在家裡，不願面對外界的一切。很快他丟了工作，父母看在眼裡急在心裡，但又不知該怎麼辦。

別讓光芒遮住雙眼

有一天,家裡來了一位客人,竟然是他大學時的班導。原來,班導聽說了他的事情,特地趕過來看他。班導看到一臉憔悴的他,只是淡淡地說:「其實,我知道這一天早晚會來,或許,來得早一些會更好。」

他一臉愕然,難道班導早知道這個結果嗎?

班導說:「還記得你畢業時,我給你的那句忠告嗎?就寫在你的畢業紀念冊上,是不是早已經忘記了?」

聽了班導的話,他才想起那句話:別讓光芒遮住雙眼。

見他還是有些迷惑,班導解釋說:「一個人身上的光芒不應當是別人給的,而應該是自己創造的。就像太陽一樣,它從不在意別人給的榮耀,它只是在努力發光發熱,因為它知道,別人給的光芒只會遮住雙眼,讓你看不清自己。」

聽了班導的話,他陷入了深深的沉思。班導走後,他重新振作了起來。現在,他已經成為一家大型跨國公司的行政主管。

事實上,榮耀的光環能讓人感到滿足,也能讓人迷失自我,只有讓光芒從內心深處散發出來,才能真正享受到它帶來的滿足。

第三章
選擇有意義的堅持，讓自己成為人生「不倒翁」

高手善用「折射」

足球場上，經過碰撞後的「折射」只要將球踢入對方球門，就有效，相較於目的明確衝向球門的直射，「折射」雖然力量有所減小，但卻具備了更多的突發性與不確定性，讓守門員防不勝防。

其實，足球場外的生活中，「折射」的威力仍然存在，特別是在職場與商戰中，能夠掌握「折射」的人一定是高手翹楚，因為他不僅要具備相應的業務能力，還要具備高人一籌的智慧。

張先生在一家銀行工作數十年，從一個編外的保全做到一家分行的行長。總有人懷疑這其中有內幕，可是了解張先生的人都知道，之所以能有今天，完全是因為他那高人一籌的智慧。在做保全的時候，張先生就注意到，客戶才是一家銀行能否長盛不衰的關鍵，於是，他努力經營好與每一名客戶的關係。幾年下來，客戶把張先生當成了這家銀行的「活招牌」，要到銀行辦業務時就來找張先生，就這樣，張先生引起了銀行主管的注意，而在了解到他利用業餘時間自修取得金融類大學文憑之後，銀行主管果斷拍板把張先生轉成了正

式員工。轉正之後，張先生除了繼續壯大自己的客戶群，還把目光瞄準了其他銀行，只要其他銀行有了新舉措，張先生總是第一個知道，並立刻把消息與自己想好的對策向上級彙報，時間長了，主管有了什麼問題就會問張先生，於是他越來越接近決策部門，如此一來，張先生的步步高升也就水到渠成了。

毫無疑問，張先生是個擅長「折射」的高手。對他來說，「球門」雖然擺在那裡，但是要想直接踢進絕非易事，於是，透過「折射」借力出擊就成了掌握性更大的捷徑。當然，在這個過程中張先生始終是盡心竭力的，藉助「客戶」、「競爭銀行」的折射，張先生的「射門」變得巧妙而精準，自然能夠一舉命中。

與張先生的步步為營不同，他的兒子選擇的「折射」則更加令人拍案叫絕。他大學畢業後選擇了自行創業，開了一家網路商店，但他的商店不是賣東西的，而是用來買東西的，只要註冊成為會員，就能讓他的商店幫你買東西，你只要給出價格區間，他就會幫你買到最實用的商品，而且品質保證。最重要的是，在成為會員的前三個月是免費試用期，客戶可以驗證一下商店是否合格，這讓客戶過了一把「老闆癮」，而如果客戶發現了商店的問題並提出解決方法，還能得到商店獎勵的一筆錢。這種經營方式讓那些深受網購弊端之

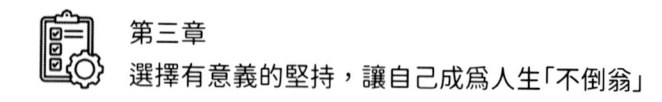

第三章
選擇有意義的堅持，讓自己成為人生「不倒翁」

苦的買家趨之若鶩，結果是，三個月之後，這些客戶高高興興地繳納了正式會員費，並介紹了更多的朋友成為會員。

張先生兒子的「折射」比他高明之處在於，他藉助的是對手的力量，讓客戶免費體驗甚至還能賺錢，達到了一種商戰中最可喜的「雙贏」效果。

張先生父子的故事讓我們看到了「折射」的魅力，也感受到了「折射」的威力。我們要做的，就是將「折射」的智慧運用到生活的點點滴滴之中，讓目標變得更加觸手可及，也讓人生變得更加豐滿與燦爛。

九十分勝過一百分

　　兒子上小學時,班級裡有許多每次考試都得滿分的同學,兒子卻幾乎沒得過一百分,這讓兒子常常沮喪不已,他常常在回到家後要求我來「訓練」他,說只有這樣才能考一百分。

　　看著一臉認真的兒子,我一字一句地對他說:「爸爸對你的要求是每次能考九十分以上,如果你能達到要求,國小畢業時,爸爸就買一架你最想要的天文望遠鏡給你。」

　　兒子想到心愛的天文望遠鏡,覺得這個要求真的是很容易達到,於是就答應了。

　　接下來的日子,兒子果然每次都能考九十幾分,雖然得一百分的時候很少,但成績一直很穩定。可與此同時,他的同學們的成績卻出現了明顯的變化,特別是到了四年級以後,別說得一百分,得九十幾分的都很少了。

　　小學六年兒子取得了很好的成績,如願以償地得到了天文望遠鏡。從那以後,他經常利用夜晚時間看月亮和星星,保持著一顆不斷探知與追求的好奇心。

　　在小學家長會上,幾個孩子成績下滑的家長憂心忡忡地

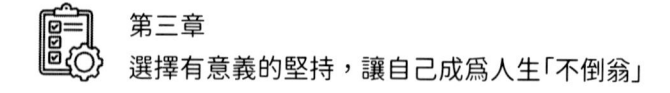

第三章
選擇有意義的堅持，讓自己成為人生「不倒翁」

問我：「聽說你家孩子成績進步很快，名次也一直在上升，有什麼祕訣嗎？」

我對他們說：「其實，我家孩子的分數跟一年級相比沒什麼提升，還是九十幾分，他很少考一百分，我也從沒要求他考一百分，因為我知道，隨著課業難度的增加，一百分會越來越難考，這時候反而會造成成績下降的假象，讓孩子的心理壓力增加。這個年紀的孩子很脆弱也很懵懂，如果家長強加施壓，一旦失敗很可能會一蹶不振，所以最重要的是培養孩子良好的心態和自信心。我覺得，念書其實就像一場長跑，前半段只要不脫隊就行了，然後找到適合自己的節奏和方法來學習，這樣到了衝刺的時候取得好成績就是件水到渠成的事了。」

聽了我的話，幾位家長恍然大悟，他們連聲道謝，說：「你說的沒錯，我們就是總盯著考試成績，沒有考慮這麼長遠，孩子們的智商都差不多，哪有什麼天才啊，就是天才，也需要適合他生長的環境才行，希望我們現在改變還不算晚。」

前不久，兒子在國中考試時的各科成績仍然穩定在九十分以上，他也順利考入了理想高中，而那架已經略顯老舊的天文望遠鏡，仍然是他每天夜晚眺望星空憧憬理想的好夥伴。相對於他優秀且穩定的成績，我覺得，孩子自信樂觀又富有生活情趣才是我最想要的。

老拳王的絕招

有一個拳擊手立志成為世界拳王,他四處拜師學藝,不斷提升實力,經過幾年的艱苦訓練,他出拳的速度達到了每秒十拳,令人瞠目結舌,而每一拳的力量更是達到了令人聞風喪膽的 120 公斤。這時,他覺得稱霸拳壇的時機已到,便開始四處出擊。

在絕對的力量與速度面前,他的對手紛紛敗北,不到半年時間,他的面前就只剩下當今拳王老泰森了。泰森已經 42 歲,他在一個月前才獲得拳王稱號,令人難以置信的是,前拳王在敗給泰森後竟然立刻宣布退出拳壇。據這位年富力強的前拳王說,泰森有一個絕招,在這一招面前,根本無人是他的對手。

身為挑戰者,他當然不會輕敵,他精心研究了泰森的拳王爭霸戰,卻發現他的招式平平無奇,速度力量也絕非頂級,這令他信心十足,更加堅定了自己獲勝的信心。

拳王爭霸戰打響了,他主動出擊,很快便把泰森逼到了角落裡,這時,令他驚奇的事情出現了,泰森竟然只守不攻,他的重拳紛紛落空或是擊打在無效部位。

第三章
選擇有意義的堅持，讓自己成為人生「不倒翁」

　　漸漸地，他開始煩躁起來，出拳越來越快也越來越重，場面完全是一邊倒，泰森似乎完全沒有還手之力，偶爾反擊也只是隔靴搔癢，根本無法對他帶來傷害。

　　觀眾看得興高采烈，大聲鼓掌喝采，他卻越打越是心驚，他發現，在這種情況下，自己根本無法獲勝，因為按照職業拳擊規則，在無法打倒對方的情況下，只有靠點數計算勝負，但因為泰森只守不攻，自己無法打到他的有效部位，反而打在無效部位上還會被扣分，而對手只是輕輕觸碰一下自己的有效部位就能得分。

　　十二個回合內，他沒有打倒泰森。經過裁判的計算後，一致得出了泰森獲勝的結論。這一刻，他終於明白了泰森的絕招，原來，自己訓練的是速度和力量，泰森訓練的卻是規則，自己的拳技再厲害，也無法突破職業拳擊的規則。

　　其實，在生活中，我們也往往因為過於注重一些表面上的東西而忽略了真正的重點與內在，所以才會輸。成功是需要智慧的，不是一味靠埋頭苦幹就能獲得的。成功有許多因素，抓住最關鍵的因素，才能一招致勝。

起點不決定終點

我的一位朋友經常拿自己和競爭對手作比較,說自己沒有良好的社會關係,沒有賞識自己的伯樂,沒有好的市場機會,而競爭對手則在這方面或在那方面占有優勢,總之一句話,自己在起點就被限制住了,抵達終點自然要比別人難很多。

我告訴他,擁有一個完全公平的起點實際上是不可能的,因為每個對手的情況都不盡相同,但是,決定終點的絕對不只是起點。

著名的龜兔賽跑的故事,看似兩者一同出發,但實際上,兔子已經擁有了先天優勢。兔子有兩條彈跳力出眾的長腿,有充沛的體力,有豐富的奔跑經驗,所以,從起點開始,烏龜已經落後兔子一大截。從表面上看,烏龜是不可能戰勝這個強大對手的,但故事的結局恰恰相反,第一個抵達終點的是烏龜。究其原因,可以說是兔子一時大意,也可以說是烏龜僥倖獲勝,也有很多人說,如果再比賽十次,那麼兔子一定穩贏十次。但是,一個無可爭辯的事實卻是,烏龜確實贏了,牠第一個抵達了終點。

還有一個我親身經歷的故事,我的兩位朋友,一位是背

第三章
選擇有意義的堅持，讓自己成為人生「不倒翁」

景深厚名校畢業的高材生，一位是草根出身職業學校畢業的技能工人，兩人同時選擇了開電腦公司。這兩家公司的開幕典禮我都參加了，一邊名流聚集熱鬧非凡，一邊冷冷清清不聲不響，可以說兩人在起點就拉開了距離，無論是人脈還是硬體，高材生都遠遠超過了草根工人。但是一年之後，高材生的電腦公司門庭冷落經營慘淡，而草根工人的電腦公司卻每天門庭若市財源廣進。

經過了解，我知道了兩家公司發展迥異的原因。原來，高材生的公司開張之後，他把重點放在了拉關係找客戶上面，卻忽略了完善技術提高品質，出售的電腦總是出現各種問題，而售後服務的滯後也讓公司信譽受到了損壞，客戶在經過幾次糟糕的交易體驗之後，就拒絕再與他合作了。而草根的電腦公司則一直堅持品質第一的原則，認認真真地做好每一筆生意，無論是售後服務還是品質都做得盡善盡美，很快便把客戶都吸引了過來。毫無疑問，草根在這次賽跑中完勝了起點遠超過自己的高材生。

其實，人生是一條單行道，人生沒有那麼多如果，起點不公平是客觀存在的，但終點的成功卻是主觀努力決定的。起點再高，但如果在路途中打混走了岔路，也一定會鎩羽而歸。從某種意義上來說，正是起點的滯後造就了那麼多白手起家的成功者，因為他們明白一個道理：起點並不決定終點，只有不斷努力才是獲取成功的唯一途徑。

莫在倦時離場

朋友大學畢業十年，卻已經換了不下二十份工作，問其原因，答曰：倦了，就離場吧。

時至今日，朋友已近而立之年，無安身立命之所，無獨立創業之能，煢煢孑立，形影相弔。在朋友聚會中，他總是表現得鬱鬱寡歡，談及十年來的工作經歷，不經意間常常流露出一絲懊悔之意。

想當年，在我們這群從小一起長大的同伴中，朋友是公認最聰明最有才華之人，名校畢業，口才出眾，頭腦靈活，身邊人猶如眾星捧月般圍繞著他，現在想來，或許正是這種吹捧讓他每次都輕視了得來不易的工作機會。

經過大家的反覆規勸，朋友在經歷了一段時間的痛苦糾結之後，終於收起了心中的傲氣，進了一家公司，踏踏實實從小職員做起。憑藉不凡的才智，不到一年，就成了公司的「職位新星」。在後來的朋友聚會中，大家以此祝賀，朋友卻謙虛推託，他笑稱自己這十年來得到數十次「職位新星」的榮譽稱號，可沒有一次把這「新」字摘掉過，這次無論如何也不能重蹈覆轍了。

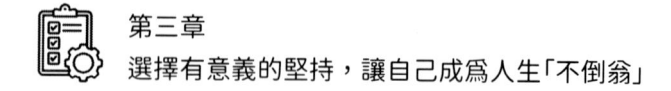

第三章
選擇有意義的堅持，讓自己成為人生「不倒翁」

聽了朋友的話，大家鬆了一口氣。職場如戰場，不可故作清高意氣行事，特別是在現代社會，能得到一份工作固然是自身實力的體現，更是用人單位給的機會，如果因為工作的枯燥與單調就貿然放棄，豈止是不智，簡直是愚蠢。

莫在倦時離場，這是成功路上的第一要則。若不是這句話，愛迪生不會發明電燈，愛因斯坦不會創立相對論，牛頓不會發現萬有引力，海倫・凱勒不會成為享譽世界的著名作家。

如果倦了，想想自己距離目標還有多遠，想想如果現在放棄將來是否又要重新開始……這時，或許自己心中就會有新的勇氣了。

找到適合自己的人生助力

我有兩個朋友,兩年前畢業於同一所明星大學,然後進入同一家大型合資企業任職。當時的他們,站在職場的起跑線上難分伯仲。

兩人都到了行銷部,起初兩人工作態度積極認真,很快熟悉了相關業務,但是不到半年,兩人之間出現了差別。差別主要來源於同事們的評價。朋友甲非常注重細節,不論是工作還是日常相處,他都心細如髮,並且特別注意人際關係,誰家有點什麼事甲的反應總是最快的,很快,甲贏得了同事們的一致好評;而朋友乙雖然工作也很用心,但在與同事相處時缺少耐心,常因一點小事爭執不休,不肯放棄自己的原則,而且極少關心工作之外的事情,從不參加同事間的聚會。

漸漸地,兩人的工作環境開始發生變化。甲的好人緣讓他在遇到困難時能夠得到同事的幫助,而乙儘管個人非常努力,但有時因為缺少同事的幫助,在工作中無法形成合力,做起事來常常事倍功半。

這一切,都被公司主管看在了眼裡。

半年前,我在朋友聚會中見到了他們。此時的朋友甲已

第三章
選擇有意義的堅持,讓自己成為人生「不倒翁」

成為業務核心,並在公司中擔當要職成了部門負責人,較強的組織能力彌補了他在業務方面的略微不足;而乙則顯得步履維艱,長期的單打獨鬥,讓乙在任何需要與人配合協調處理的工作中顯得特別吃力,乙雖然咬緊牙關不肯服輸,但來自周圍的阻力常常壓得他喘不過氣來。因為人際關係處理不好,甲賴以成功的人生助力卻成了乙開展工作的最大阻力。

身為他們的朋友,我私下斷言乙在這個公司不會待長久,即便他勉強支撐著,也會很快被公司炒掉。

但事情的發展卻大大出乎我的意料,半個月前,我又見到了這兩位朋友,甲依然春風得意,乙居然也升職了,擔任了公司研發部的主管,兩人又站到了同一高度。

原來,兩人兩年來的表現都被公司主管看在了眼裡,甲的協調能力令主管滿意,但乙不畏艱難專心致志的態度更令他感到難得,於是,他破格把乙提拔到了專門從事市場研究的研發部。乙的嚴謹認真與永不言敗的精神讓公司能對變幻莫測的市場作出及時而準確的判斷。在甲乙的共同努力下,公司的業務蒸蒸日上,公司主管也放心地把權力下放給了他們。

審視兩人的職場軌跡,可以發現,甲把良好的人際關係轉化成了助力,職場一帆風順;乙把人際關係帶來的壓力轉化成了助力,事業否極泰來。他們成功的祕訣是找到了適合自己的人生助力。

小選單裡大商機

　　美國人切里利是個不幸的人。15 歲時,他被一輛汽車迎面撞倒,身體多處骨折;三週後,他又得知了父親罹患肺癌晚期的噩耗。父親在兩個月後過世,這時,擺在切里利面前的,是鉅額的醫療帳單和沒有任何經濟來源的殘酷現實。

　　傷好後,欠了一大筆錢的切里利開始想辦法賺錢。他幫人寫論文,為癌症協會騎單車橫跨美國做廣告,還擔任過某服裝品牌的模特兒,而且每天還要做三百個仰臥起坐和伏地挺身。但是十多年過去了,切里利的經濟狀況沒有任何改觀。此時已年滿 30 歲的切里利卻有了創立公司的想法。

　　創業從何處入手呢?切里利苦思冥想。這時,在一家餐廳的經歷提醒了他。那天,他來到一家餐廳,發現裡面早已人滿為患,許多沒有座位的顧客都在焦急等待,他好不容易找到一個空位,卻被告知要點菜還得繼續等待。聽到顧客們的抱怨聲,看到餐廳經理著急的樣子,切里利心中一動,如果能開發一個軟體,可以提前預訂座位,預訂飯菜,那麼問題不就迎刃而解了嗎?

　　2001 年 1 月,切里利創辦了單一平臺公司,開發了一款

第三章
選擇有意義的堅持，讓自己成為人生「不倒翁」

適合餐廳使用的選單軟體。他說服了三百家規模較小的餐廳試用該軟體，因為這一類餐廳往往用於管理的精力並不多。

使用軟體後，餐廳管理狀況果然有了很大的提升，而且透過網際網路，這些餐廳還免費做了一次廣告，軟體取得了初步成功。但大型餐廳仍然有所猶豫，它們有固定的客源和管理模式，不知道這個軟體能否為他們帶來更大收益。

這時，一份數據讓這些餐廳下定了決心。2011年4月，一次傳媒大會上，一位黃頁公司高層展示了一份數據：62%的黃頁使用者曾訪問該網站來搜尋餐廳選單，但卻有95%使用者失望而歸。切里利立刻發現了商機，他承諾向黃頁公司提供成千上萬份本地選單，填補這一數據空白。

切里利的承諾兌現後，立刻引發了媒體關注，《紐約時報》也進行了專題報導。此後，公司的業務量猛增，並獲得了325萬美元的投資，這讓切里利信心大增。他立刻著手更新軟體，現在，軟體的「喜歡」功能可以幫使用者了解哪些餐廳比較熱門；搜尋功能可以擴展到多個合作夥伴的網站上，幫使用者尋找五公里以內的餐廳和商店，購買特別的東西；軟體還開發了寵物餐廳，人們可以找到經常被推薦的狗糧，在哪家寵物店有販售，並且點選幾下就可以進行支付。

2012年3月，全美6萬家餐廳簽約使用了該軟體，它們可以在自己的網站、移動設備上管理選單和價格清單，還可

以在出版商網路上展示自己的商品。這個出版商網路包括了《紐約時報》、黃頁、Foursquare 網站和 Google 等，所有商家都可以在使用者檢視選單時享受到豐厚的廣告收益，而這一切，僅需要 495 美元。大中央餐飲集團合夥人里亞爾說：「這是我花得最值得的一筆錢。我每天可以更換三次選單，而且各個地方的選單都得到了更新：我的網站上，臉書網站上，網際網路上的任何地方。」

僅用了一年時間，切里利公司的客戶量就從 2,000 家猛增至 60 萬家，銷售額從 200 萬美元暴增至 1,500 萬美元。在接受媒體採訪時，切里利激動地表示，這一切都要歸功於自己的父親。

切里利說：「父親去世前對我說：『你可以選擇唉聲嘆氣，也可以選擇想像自己要往哪裡去，然後努力到達那裡。』是的，是父親的話一直激勵著我走到了現在。」

第三章
選擇有意義的堅持，讓自己成為人生「不倒翁」

掏心比掏錢難

柳三決定做買賣的那天，晴空萬里，豔陽高照。柳三懷揣著激動的心情，踏上了背井離鄉的路。他的底氣來自背上麻袋裡的那些山貨，據說，城裡的有錢人最喜歡這種長在大山深處的野味了。

柳三覺得，做買賣這事是世上最簡單的事，簡單一句話概括就是低買高賣而已，而自己的這些山貨野味，自己沒花一分錢，全是憑著力氣在山裡挖出來的，所以，肯定是穩賺不賠的。

來到城裡，柳三為了省錢就露宿街頭，每天蹲在街角叫賣自己的山貨。他通常會把山貨取出攤在地上，可是，雖然街上人來人往，偶爾也有人停下問價，卻沒有做成一筆生意。柳三心裡納悶，他定的價格可是非常低的。

又過了幾天，還是沒做成一筆買賣，眼看著這光景是一天不如一天，自己從村裡帶來的乾糧也要被吃完了，卻不想就在此時，買賣上門了。

一位西裝筆挺的中年人來到柳三面前，想看看他賣的那些山貨，當柳三把自己辛辛苦苦挖來的山貨一件件擺出來

時,中年人眼睛亮了,聽柳三說這些山貨不到兩百元時,中年人立刻掏出兩張百元大鈔,催著柳三趕快找錢。

柳三把身上所有錢掏出來給了中年人,才算把零錢找齊。一身輕鬆的柳三拿著兩張百元大鈔樂開了花,他決定去飯店吃頓好的,可是,等他酒足飯飽之後,在付帳時卻被人告知這兩張大鈔都是假的,柳三一下子愣住了。

柳三終於明白了,做買賣這事,讓人掏錢可真難啊,這麼容易就掏出來的錢肯定是有問題的。也許,正是因為自己把價格定得太低,一般人懷疑有問題才不買他的山貨的。

沒有辦法,柳三只能在飯館裡打工還錢,令他驚奇的是,在廚房裡他居然看到了自己被騙走的山貨,據說這是老闆花了一千多塊錢買來的。

柳三心裡後悔不已,山貨本來就應該直接賣到飯館裡,自己滿城裡叫賣,不是活該被人騙嗎?

打工七天還了飯錢,柳三才一本正經地找到老闆,說出了前因後果,老闆看柳三是個老實人,就跟他達成了協議,以後,由柳三供應山貨,價錢就按市價,但要保證品質。至此,柳三終於找到了做買賣的感覺,此時此刻,他心裡竟然還有些感激起那個騙子了。

如今,柳三的生意很好,因為他的山貨貨真價實,也有其他飯店來找柳三收山貨,可柳三就認準了這一家,而且價

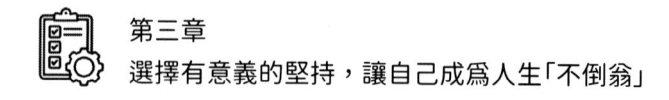

第三章
選擇有意義的堅持,讓自己成為人生「不倒翁」

格也從來不漲。

柳三心想,這買賣啊,買賣的是良心,是信任。自己的第一批山貨被騙子買走了,又賣給了這家店,自己是因禍得福,這家店也知道了山貨貨真價實,機緣巧合,自己才跟這家店的老闆交了心。這做買賣啊,掏心可比掏錢難多了,因為這賣的是良心,買的是信任。

時光之河，澆灌優雅之花

1970年8月31日，她出生於科威特一個平民家庭，父親費薩爾‧亞辛是巴勒斯坦醫生，「淘金」來到科威特這個盛產石油的國家定居。小時候她便是一個美人胚子，在傳統的阿拉伯社會裡，女人的地位很低，一個天生麗質的女人完全可以依附著男人過無憂無慮的生活，但她不同，她並未因自己的美麗而沾沾自喜不求上進，恰恰相反，她不僅聰明而且非常勤奮，無論在科威特國際學校求學還是在開羅美國大學攻讀工商管理學，她一直都是成績最好的學生。畢業後，她先後在花旗銀行和蘋果公司任職，憑藉自己的努力成了令人豔羨不已的「金領」。

她的優雅與生俱來，身邊一直不乏追求者，但她堅信緣分天定。1993年1月，她在一次晚宴上認識了牛津大學學生阿布杜拉，兩人一見鍾情，感情迅速升溫，僅僅過了半年，22歲的她便和阿布杜拉閃婚了。

直到結婚前夕，她才知道，原來阿布杜拉的身分是約旦王室成員，而且還是現任國王胡笙的長子。面對突如其來的消息，她沒有表現出任何震驚與失態，只是微笑地聽著，在

第三章
選擇有意義的堅持，讓自己成為人生「不倒翁」

她心裡，阿布杜拉是什麼身分並不重要，重要的是他現在是自己的丈夫，而且他深愛著自己。

她的婚後生活平淡有序，但是在 1999 年，命運突然把她推上了風口浪尖。那一年，老國王胡笙在彌留之際把王位傳給了阿布杜拉，於是，在 28 歲的年紀，她成了當時世界上最年輕的王后。

成為一個國家的王后，她雖然有些意外，卻並不慌亂，除了要履行王后的職責外，她依然按照自己的步調生活著。

雖然成為王后，但她從不因循守舊，也從不高高在上，她熱愛自由並且非常關注平民，致力於改善約旦的國內教育；她開通個人網站，藉助網路的強大力量，她消除了世人對阿拉伯世界的不少偏見；她愛玩社群軟體，喜愛流行文化。2008 年出訪法國時，除了會見薩科齊夫婦，她還見了 U2 樂隊主唱波諾；2009 年，蘇珊大嬸一爆火，她隨即就在網路上留言為蘇珊大嬸打氣；雖然王室公務繁忙，當母親很辛苦，但她還能抽出精力寫童書，由於熱心慈善事業，她寫的四本書的收益都捐獻給了教育慈善機構。

身為焦點人物，她的一舉一動都備受關注，雖然從未刻意表現，但骨子裡的優雅還是展露無遺，美貌、智慧、親切、善良，她已成為阿拉伯世界最激勵人心的女性。

2009 年 6 月 9 日，在阿布杜拉登基 10 週年的慶典上，

她特地穿了 10 年前丈夫登基當天穿的那件衣服，為了契合時尚，她還在衣服上加了銀色的腰帶，並把袖子改短。這就是她的風格，技巧地將現代與傳統進行了完美結合，無論是服飾還是生活，都是如此。

這位美貌絕倫的約旦王后，五官永遠輪廓分明，衣著永遠時尚迷人。她在接受美國名嘴歐普拉‧溫芙蕾採訪時說：「很多人以為，時間是最大的敵人，但對我而言並非如此，最重要的是看你怎麼理解時間與生活的關係。隨著時光沉澱，我發現自己越來越自信，越來越穩重，不會糾結小事。所謂『變老是壞事』的看法是錯誤的，我沒想著要對抗年齡，我只會忙於當下，並且接受它，享受它。」

在這番簡單的話語裡，我們終於捕捉到了她永保優雅的祕訣：只要擁有一顆自信上進的心，時光之河就會澆灌出永遠優雅的花。

她就是約旦王后拉妮亞，被譽為「世界上最美麗、最優雅的王后」、「阿拉伯世界的戴安娜」。

第三章
選擇有意義的堅持,讓自己成為人生「不倒翁」

最近之處是天堂

雖然出身貧窮,但他的理想卻是當一個旅行家,像徐霞客一樣遊遍中國。大學畢業後,他放棄穩定的工作,放棄了娶妻生子的安樂之道,背起旅行包,義無反顧地踏上了旅行之路。

在旅途中,他邊打工邊行走,嘗試過許多工作,也遇到了無數的人與事。起初,他與人談自己的理想,但人們總是用懷疑的目光打量他,幾乎沒有人認同他理想的意義,漸漸地,他不再喜歡與人交流,而是把心靈融入風景之中。

除了迷戀山水,在旅途中,他排解孤獨的另一個方法就是讀書。他讀書有一個過程,起初讀的是令心靈澄澈的名家遊記,如《文化苦旅》、《鮮花中的廢墟》等;漸漸地,他又迷戀上了異國風情的小說,如《挪威的森林》、《生命中不能承受之輕》、《刺激1995》等;後來,他便只讀哲學類的書籍,如《蘇菲的世界》、《存在與虛無》等。隨著讀書的不斷深入與路途的不斷延展,他的心中漸漸形成了一個念頭:要尋找一個類似天堂的地方,這地方也許並不美,但肯定會讓他感動;這地方也許並不大,卻能包容他的一切。

這地方或許永遠也找不到，但他堅信它一定存在著。

此時，他已年近30，子然一身，除了那份遙不可及的理想，再無一物了。他四處尋找著心中的天堂，卻總是失望而歸，他開始主動與人交流，並拜訪了很多寺院和學堂，想找到一個能解開他心中疑問的人，雖然得到了無數答案，卻總是無法令他信服。

35歲那一年，他來到了貴州山區的一個小村子裡，這個小村貧窮至極，村民們每天要到30里外的地方挑水用於日常所需。鬼使神差地，他跟隨一個老人一起走了趟山路，並幫他挑了兩桶水，在返村的路上，老人與他開聊起來。

老人說：「我挑水挑了20多年了，其實，我們這裡有政府的送水車定期送水，但我還是喜歡自己出門挑水。」

他聽了有些好奇，問：「為什麼？」

老人說：「開始時，我總盼望路能短一些，這樣，我就能早一步到家了，但後來，我發現這不可能，於是我開始在途中找些事做，或是唱唱歌，或是順道拔些草藥，漸漸地，我就覺得路不再那麼長了。可是現在，年輕人，我卻有了另一種感覺，我希望這條路越長越好，因為來挑水時我雖然離家很遠，但歸來時卻會離家越來越近，我很享受這種回家的感覺，另外，我也很珍惜在外的時光，我雖然離開家，但做的每一件事卻都是為了家，這會讓我感到充實與快樂。你看，

第三章
選擇有意義的堅持，讓自己成為人生「不倒翁」

我在途中多採些草藥，多聽些笑話，這樣，回到家也能帶給家人更多的快樂。」

他聽了老人的話，突然心中一亮，問：「大叔，我想問你一個問題，你覺得對你而言，最重要的地方是哪裡？它離你遠還是近？」

老人笑呵呵地說：「最好的地方，當然是家了，它永遠是離我最近的。因為，它就在我心裡嘛。」

他恍然大悟，情不自禁地加快了向前的步伐，老人在他身後焦急地喊道：「年輕人，別跑這麼快，是想家了吧？那就別挑水了，放下就行。」

他沒有言語，一直把水挑到老人家裡，才告辭出來，然後用最快的速度到了當地的車站，輾轉搭車，於第二天中午回到了家裡。

一路上，他體會到了老人所說的那種感覺，覺得有一種想傾訴的欲望正在吞噬著他。原來，他最想與之分享自己旅途的，是那一輩子未曾出過遠門的鄉下父母。

他終於明白了一件事，原來，自己立志當一個旅行家，正是源於父親感嘆著從沒踏出過小山溝，正是源於母親嘆息著從未讀過書，那個藏在心中的理想，原來就是父母種下的一粒種子，現在，他要把這粒種子結出的果實還給他們。想著想著，他彷彿已經看到父母見到他歸來時的喜悅模樣了。

有很多人會問,天堂究竟在何處?其實,最近之處即天堂。至於最近之處是何處,試問一下,還有比家離你更近的地方嗎?因為,它一直都住在每個人的心裡。

第三章
選擇有意義的堅持,讓自己成為人生「不倒翁」

唯有心懷天地,才能無私

從前有個徒弟求教於水墨大師門下,苦學半載卻仍不得要領。每每看大師作畫,也不見大師如何運力屏息,只寥寥數筆,勾勒的線條便清晰明亮,一股浩氣躍然紙上,四周的空氣竟也變得靈動起來。徒弟數次臨摹大師畫作,粗看並無二致,但細嚼之下,卻總覺得大師之畫若蘭香在齒,而自己的畫則索然無味。

徒弟詢問大師,大師只是微笑不語,被問得急了,便說了一句:「火候未到。」

徒弟於是每日苦練畫工,又過了半載,畫技漸臻成熟,何處重墨何處漫筆均已駕輕就熟,遂挑一豔陽高照之日,沐浴更衣,焚香鋪紙,落筆作畫,一氣呵成,見畫作工筆嚴謹,筆墨輕重均恰到好處,一眼看去不禁得意之極,但第二眼望去卻覺得缺了一點東西,再看之下此種感受更濃。過了半晌,竟覺得整幅畫作變得無一是處,於是邀大師評價,大師觀畫之後,只留「無懈可擊」四字便飄然離去。

徒弟思之,難道這問題藏在這四字之中?莫非無懈可擊竟是此畫的詬病所在?

見徒弟百思不得其解,大師心中微動,卻欲言又止。

如此過了一日,午夜時分,徒弟苦思之下心智漸亂,突然發狂,一把拿起畫作便撕扯起來,不過瞬間,苦心之作已化作片片廢紙灑落院中。

瘋狂之後,徒弟突然安靜下來,此時夜色濃重,徒弟舉頭望天,但見天心月圓不盈一物,低頭望地,只見滿地破碎的紙片,徒弟突然頓悟,原來自己與大師的距離便在此處。

徒弟大笑出聲,順手揮起手中毫筆,在牆壁一角塗鴉起來,但見手腕隨月色搖曳不停,落筆之處無一不讓人驚喜,轉瞬之間,畫作已成。

徒弟也不言語,將手中毫筆一扔就此離去。

大師在窗前觀之,抑制不住心中的激動,雙手竟微微顫抖。歷經數載,這百年衣缽終於覓得了傳人。

原來,這作畫之道,在於心懷天地,唯有如此,才能無私,才能繪這世上之物,筆下之物才能擁有天地靈氣。這一點靈機,卻是只可意會不可言傳的。

其實,何止區區作畫一事,這世間萬物都是如此。

第三章
選擇有意義的堅持,讓自己成為人生「不倒翁」

第四章
堅持也講智慧，
職場中要多替自己的大腦儲值

職場也是一個江湖，要想在職場中有所作為，在堅持勤奮與付出的同時，也要具備思想與智慧，唯有如此，才能在千變萬化的職場江湖中遊刃有餘。

第四章
堅持也講智慧，職場中要多替自己的大腦儲值

你不低調，堅持做到死也沒用

朋友在一家銀行工作，是絕對的業務人才，不但精通業務，而且工作積極性高，客戶多，每年業績排名都第一。但奇怪的是，朋友每年都被列為優先升遷對象，卻從來沒有晉升過一次，這讓朋友很鬱悶，大家聚會時，他總是不停地訴苦，卻又找不到原因。

這一天，我恰巧到朋友銀行辦理一筆業務，終於看到了他真實的工作狀態。由於我辦的業務不屬於他的業務範圍，從我進銀行大門的那一刻起，他只來得及跟我打聲招呼，便再沒有時間與我交談了，整個上午，他忙前忙後根本停不下手。在此期間，又有好幾個客戶走進銀行，都不約而同地點名要找朋友辦業務，他臉上一直掛著微笑，不停地說著話，根本無暇顧及其他。這個時候我注意到，與朋友的忙碌形成鮮明對比的是，他周圍同事的悠閒自在，有的甚至無事可做，同事們看著他的眼光雖然帶著笑意，我卻在其中看到了一絲絲的「異樣」。

那天直到我走出銀行，朋友也沒來得及跟我寒暄兩句。下班後，我打電話給朋友，約他一起吃飯，在飯桌上，我對

他說：「你升不了職的原因我找到了。」

朋友又驚又喜地問我：「真的嗎？原因到底是什麼？」我說：「你太高調了。」

對於我的這個答案，朋友目瞪口呆，我接著說：「你把客戶都拉走了，你的業績是有保障了，但是，你的同事怎麼想？你的上級來檢查，看到你這麼忙其他人這麼閒，一方面可能覺得你工作積極，可另一方面就會覺得其他人不努力。對於一個單位而言，好的收益並不是單靠一個人的全心付出帶來的，上級表明上像是顯得很高興地誇讚你，但心裡看到這種局面一定不會舒服的。」

朋友呆了半天才慢慢地說：「我這人一工作起來就什麼都忘了，根本不是故意炫耀，難道全心投入工作也有錯嗎？以客戶為上帝，提高工作效率可是我們公司的規定啊！」

我笑著說：「職場也是一種生活，要有高水準的業務，也要有高水準的為人處世的能力。你看你，業務能力是提高了，可也在不知不覺中變得高調了。你可以試著站在同事的角度想一想，是不是太引人注目了？」

朋友想了想，不好意思地說：「好像是有點過於高調了。在工作場所，一個人忙而其他人閒確實會讓別人尷尬的，而且客戶一來就點名找我，無形中就是對其他人的輕視，時間長了，同事們就不自覺地對我產生嫉妒和嫌棄心理了。」

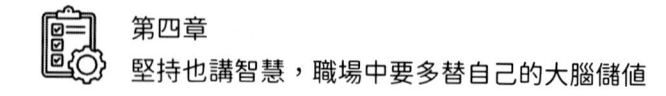

第四章
堅持也講智慧，職場中要多替自己的大腦儲值

我點了點頭說：「木秀於林，風必摧之。這句話是有道理的，特別是在一個團隊中，我覺得你在學業務的同時，也要學學與人相處的哲學了。」

聽了我的話，朋友深以為然。從此後，他在繼續保持工作熱情的基礎上，便刻意加強了與同事間的交流，主動幫同事介紹客戶，解決難題。雖然他的業績量有所下降，但同事的業績量和工作熱情都有了明顯提升，銀行的總業績量也得到了大幅增加。他的改變也被上級看在眼裡，前不久，他毫無爭議地被提拔為部門負責人，有了一個更大的發揮能力的舞臺，也有了更多的繼續前進的動力。

害你的,從來不是別人

王麗大學畢業後進入一家銀行工作,由於初來乍到,上級安排她在銀行大廳當接待人員,和她一起搭檔的是剛剛通過試用期的劉華。

一直是大學優等生的王麗對於這樣簡單的工作手到擒來,但同時覺得有些大材小用。她用最快的速度記下了銀行每個部門的職能,在了解顧客的需求後,便快速準確地引導他們到相應部門辦理業務;服務的時候,她總是面帶微笑,語氣溫柔。可是,令她始料未及的是,一個星期過後,上級告訴她,她的客戶滿意度要遠遠低於劉華,工作效率也低很多,甚至還有客戶投訴她工作漫不經心。王麗大吃一驚,其實,她一直沒把普通大學畢業的劉華看在眼裡,儘管兩人都是做同樣工作,但她只是把這份工作當作走向更高職位的跳板,而且她認為自己的工作根本沒有出現任何差錯,難道是劉華在暗中搞鬼?

王麗想起劉華曾在上班第一天告訴她該如何做好這份工作,但她聽了不到一分鐘就藉口有事離開了,難道是因為這件事讓劉華報復她?如果是這樣,那劉華真是不個不折不扣

第四章
堅持也講智慧，職場中要多替自己的大腦儲值

的小人了，陰險狡猾，睚眥必報，而最可恨的是，劉華平時看到自己還很熱情地打招呼，看來，是時候拿出「照妖鏡」來讓她露出原形了。

第二天，兩人一同在門口迎接客戶。很快，一位衣著時尚的年輕人匆匆趕來，劉華連忙迎上前去，年輕人告訴她自己要領四十萬，劉華告訴他，領大額現金需要預約，年輕人突然發起火來，引起了眾人的圍觀。這時，王麗上前，不緊不慢地對劉華說，這位客戶已經預約了。說完就帶著年輕人辦業務去了。辦完業務後，年輕人投訴了劉華。

年輕人走後，一對老夫妻來到了銀行，劉華連忙上前引導，可老夫妻都有些耳背，雖然劉華聲調越來越高，但他們還是聽不清楚，反倒是影響了周圍辦業務的人，這時，又是王麗不緊不慢地取出一隻助聽器遞給了老先生，然後帶著他們順利辦理了業務。不出意外，這次，投訴劉華的人又多了兩個。

看著眼神有些落寞的劉華，王麗不禁暗暗得意。原來，那個年輕人是王麗的男朋友，老夫妻就是王麗的爸媽，他們聽了王麗對劉華的「血淚控訴」後，才來到銀行一起配合演了這齣戲。

可讓王麗有些奇怪的是，劉華自始至終沒有半點辯解，反而很快就把情緒調整了過來，而最令她鬱悶的是，劉華居

然還特地對她表示了感謝，對她記起客戶昨天已經預約領錢和自備助聽器的行為大加讚賞，這可跟她想像中惱羞成怒現出原形的情景大相逕庭。王麗想，莫非是這照妖鏡法力還不夠？看來還要再下點猛藥。

第二天剛上班，上級就找劉華談了話，指責了她工作中的失誤，表揚了王麗。

王麗微笑著說：「這是我應該做的，前段時間我也被投訴過，我覺得劉華會記取教訓的。」說著，她意味深長地看了劉華一眼。

劉華終於感覺到了異樣，從上級辦公室出來後，她找到王麗，說：「我們之間是不是有些誤會啊？」

王麗說：「談不上誤會吧，只是我覺得很奇怪。我的工作沒有任何差錯，卻被投訴，而妳出現這麼明顯的失誤才被投訴，妳不覺得這很奇怪嗎？」

劉華笑了，她說：「王麗，妳真的誤會了，我想，妳一定是太沉浸在工作中了，不知道自己給別人的印象是什麼樣的。妳只是機械地讓客戶替妳評分，卻從來不看評分怎麼樣，也不問原因。這樣吧，等等我們讓來的顧客談一談，我想他們的眼睛是雪亮的。」

很快，第一個顧客來了，王麗上前接待了他，臨走前，王麗讓他替自己的服務評分，看到自己得到的是及格分數，

第四章
堅持也講智慧，職場中要多替自己的大腦儲值

她有些生氣，就問顧客自己哪裡做得不好。顧客說：「妳的服務確實沒有出錯，但妳的表情太公式化了，雖然在笑，但眼睛總是游離不定。雖然說話聲音不大不小，但頭總是抬起來顯得高高在上，這讓我有點不舒服。妳看妳那位同事，就比妳真誠多了。」

聽了顧客的話，王麗若有所思，接下來又接待了幾個客戶，她刻意改正了自己的言行，臨走前，有一個老客戶笑著對她說：「妳好像變了一個人，以前是驕傲的白天鵝，走個路都趾高氣揚的。漂亮是漂亮，可與這裡有點格格不入，現在妳成了謙虛的小花鹿，雖然謙虛謹慎但顯得不大高貴，這樣才配得起這身制服嘛！」

客戶的話讓王麗羞愧不已，她終於意識到了自己的缺點，下班後，她找到劉華，向她真誠地道了歉。

劉華笑著對她說：「昨天來的那個年輕人，是妳男朋友吧？」王麗奇怪地問：「妳怎麼知道？」

劉華說：「昨天看你們的眼神，一下子就明白了。」

王麗恍然大悟，說：「看來我搬來的這面照妖鏡沒有照到別人，反而把自己的缺點給暴露出來了，劉姐，謝謝妳，妳教給了我職場上的規矩，也教給了我做人的道理啊！」

厭了？倦了？好巧，我也是

我有一個朋友，為人熱情，能力出眾，是個不可多得的人才，但是他卻有一個問題，就是在一個公司總是待不長久，長則一兩年，短則兩三個月，他就會辭職，問他原因，他總是很無奈地說：「我也想安定下來啊，可是這工作總是周而復始一個樣子，太枯燥了，我失去了興趣，實在沒辦法勉強自己，只好辭職了。」

因為總是安定不下來，朋友的職位總得不到晉升，待遇也始終維持在一個較低的標準。工作上不順心，生活上也過得不如意，至今已經年近30，仍然是孤家寡人一個。

看著朋友日漸頹廢的樣子，我們都替他著急，可是平時各自的工作生活都很忙，也沒有時間和精力幫助他，後來只是聽說他又進了一家廣告公司工作。

轉眼半年過去了，大家再見到他，竟然發現他意氣風發神采奕奕，和半年前簡直判若兩人。大家都很奇怪，問他原因，他微微一笑，卻不回答，而是先把身旁的一個漂亮女孩介紹給了我們，大家都以為這是他的女朋友，可他的回答讓我們大吃一驚：這個漂亮女孩竟然是他所在公司的副總。

第四章
堅持也講智慧，職場中要多替自己的大腦儲值

　　女孩的話解開了我們的疑問。原來，朋友一進公司，公司管理層就發現他是個人才，很有創新精神，很符合廣告公司的要求，但他有一個毛病，就是對不新鮮的事物提不起興趣，如果環境、工作總是一成不變，就會不知不覺地消極怠工。公司發現，其實這個問題所有員工身上都有，只不過有的表現輕有的表現重。

　　公司對這個問題很重視，專門諮詢了心理分析師，得知這是一個心理問題，也是現代職場普遍存在的問題，要解決這個問題，就要從員工的角度出發。於是，公司開始著手解決這個問題，他們不再局限於單一的辦公環境，而是不定期地更換新的工作環境，根據四季的不同更換辦公室的裝飾和花草。員工剛剛對一個環境有了厭倦感，不久就會發現一切都變了，工作的熱情自然也高漲起來；為了調節緊張的工作氣氛，公司還舉辦過創意惡搞大賽，如果誰能惡作劇搞得所有人大笑，公司就出錢請這人吃飯；此外，公司還舉辦過員工全家遊公司、愛心晚會等一系列活動。

　　如此種種方法，讓公司的員工始終保持著工作的活力和創造性，也對公司產生了深深的歸屬感。我的這個朋友在這種環境下天天激情昂揚，哪裡還想離開？他現在升職為專案經理，而且還追到了公司的副總做女朋友。

　　看著一臉幸福的朋友，大家除了替他高興，也在心裡暗

暗思忖,回頭也要把這種職場保鮮的方式向上級彙報一下。因為有職業倦怠的人可不在少數,要想工作有好成績,這病可要及時治。

第四章
堅持也講智慧，職場中要多替自己的大腦儲值

我的「敵人」成就了我

我有個同事，我們在工作方式、為人處世上都有著天壤之別。我奉行的是「事緩則圓」的工作原則，而他則是雷厲風行一往無前；我奉行的是「對人對事退一步想一想」的為人處世原則，而他則是典型的「對事不對人」，只要認為自己是對的，就從不給人留面子。

這樣一來，我們在日常工作中便產生了不少碰撞。我和其他同事都能和諧相處，但唯獨對他，我就是退不了一步，結果可想而知，我們除了必要的工作交流，幾乎從來不說一句話，甚至在路上遇到連個招呼都不打。

奇怪的是，他和我的工作業績在公司裡卻一直不相上下，每季度末業績統計不是他第一就是我第一，於是我們就在暗中較上了勁。我的長處是和客戶關係好，有固定的客戶群，而他則總能吸引新的客戶加入。可我們的短處也都是很明顯的，我吸引新客戶的能力平平，而他的客戶往往也合作不長久，因為他的脾氣太直了。

為了勝過彼此，我們都在努力彌補著自己的短處。

就這樣鬥了一年多。有一天，他突然宣布要請大家吃

飯,原來,他就要離開公司了。在那頓告別晚宴上,他喝得酩酊大醉,突然拉著我的手,說了半天謝謝,他說,因為有了和我暗中較勁,他才會不斷努力提高自己的業務能力,才有了這次跳槽到其他公司擔任更高職務的機會。他邊說邊看著我,眼睛裡竟然有亮晶晶的淚水。他還是那麼心直口快,這是他一貫的風格,我相信他說的是心裡話。那天,我的手被他緊緊拉著,心裡竟然也有些捨不得他走了。

　　不久,我被提拔為公司的業務主管,這時我才明白,原來我們代表著職場中最常見的兩種人:一種是心細謹慎的,一種是膽大勇敢的。我們表面上彼此矛盾,但實際上卻是彼此互補,正是因為有了彼此這樣的敵人,我們才會時刻感到一種壓力,而這種壓力會轉化為動力,激勵著我們不斷地提升自己。

第四章
堅持也講智慧,職場中要多替自己的大腦儲值

比起不明就裡的努力,
找準定位更重要

　　我的朋友小李一直是朋友圈中的佼佼者,今年他研究所畢業後成功應徵進入一家外企。大家為他開了個慶功會,慶功會上,小李信誓旦旦,發出了「一年成主任,三年當高層」的豪言。

　　大家鼓掌之餘,心裡也有一絲嘀咕,小李雖然聰明,但是畢竟沒有職場經驗,這樣高調會不會適得其反呢?但是一想小李是在唯能力是舉的外企,也就把勸他低調一些的話又嚥回了肚子裡。

　　三個月後,因為另一個朋友慶祝升職,我又見到了小李。小李神采奕奕地對我們說,他的工作得到了高層的高度認可,據同事們說,他已被列為重點培養對象。聽了小李的話,大家都替他高興,但那個剛剛升職的朋友卻告誡小李,不要過於樂觀,工作最好還是要低調一些,成績也不要過於張揚,尤其是對一些沒有實現的事,最好不要在工作場所亂說。

　　小李聽了卻不以為然,撇撇嘴又喝酒去了。那位朋友看著小李離去的背影嘆了口氣說,其實一帆風順不是好事,因

為只有真正經歷過困難的人才能取得真正的成功，在職場中如何定位自己才是第一位，這裡面學問大著呢！朋友的話讓我們不禁若有所思。

又過了半年，我再一次見到了小李，果不其然，他像霜打的茄子一樣，無精打采，大家問了他半天，這才知道，原來小李公司最近晉升了一批員工，但他榜上無名，他找過高層，可高層根本不給他解釋，問急了，主管直接告訴他不願意做可以辭職。

這時，我想起了半年前那個朋友說過的話，就對小李複述了一遍。聽我說完，小李睜大了眼睛，過了半天，他才說：「看來我真是錯了，我在公司是個新人，是個普通員工，我就得把自己定位成普通員工，定位成新人。只有把本職工作做好了，而且事事從公司利益出發，上級才會看重提拔的。」

那天，我找上那位朋友一起，和小李深談了一次，大家散會的時候，我看到小李眼裡的神采又回來了，整個人也有精神多了，與以往不同的是，這次的小李不再毛躁和高傲，而是變得成熟穩重起來了。

前幾天，我又見到了小李，他已經是公司的部門經理了。和他聊天，我再也見不到那個盲目定位自己的年輕人了，我心中暗暗高興，他終於找準了自己的職場定位，一步一個腳印向著人生巔峰穩步行進了。

第四章
堅持也講智慧，職場中要多替自己的大腦儲值

做一顆職場解藥

小李是我同事中最聰明的一個，名校畢業，什麼東西一學就會，業務熟練而且口才極好，是公司公認的才子，也是公司管理層的重點培養對象。小李本人也非常努力，業績考核一直名列前茅。

而小張與小李截然不同。小張是和小李同一批進公司的大學生，但小張一直是不顯山不露水的，每天只是默默做好本職工作，雖然業績一直跟小李不相上下，但他低調的作風卻讓他很快就成了和大家一樣的凡人，每天朝九晚五，過著白開水一樣的平淡生活。

這樣兩個人，卻始終無法和諧相處。事情的起因是小李，兩人當初一起來公司報到時，本來是小張先到，但和主管話沒說兩句，小李就咄咄逼人地進了公司，並很快和主管攀談起來，大談自己的優勢與抱負，把小張晾在了一旁，一直到小張實在氣不過，提醒小李有個先來後到時，小李才極不情願地讓小張先辦了手續，但這樣一來，兩個人的「梁子」算是結下了。

工作中，兩人雖同在一個辦公室，卻一直不大交流。由

於小李光芒四射,小張更是成了透明人,但小李卻不這樣想,他經常在工作之餘,忍不住要打趣一下小張,如果小張工作上有了點成績,小李就會嗤之以鼻地說:「小小成績也值得拿來炫耀?」如果小張工作上出了點小紕漏,小李更是會大肆宣揚,力數小張的種種不是。與小李相反的是,小張一直是不溫不火的樣子,也不跟小李生氣,工作該怎麼做就怎麼做,閒話是一點不說。

終於有一天,公司公開應徵副主管,小李自然是第一個報了名,小張也報了名,而最終競聘的結果卻讓人跌破眼鏡:小張竟然以絕對優勢戰勝小李成功當選。

競聘結果公布之後,小李一直牢騷不斷,當公司老闆親自宣布小張正式上任時,小李又開始發起牢騷,老闆也注意到了眾人疑惑的眼神,但卻並不生氣,而是慢悠悠地問:「大家知道養魚的人最怕什麼嗎?」

聽到這個毫不相干的問題,大家都有些茫然,老闆卻笑著說:「最怕毒藥。也許大家會說,哪來的毒藥?其實,魚群裡最大的毒藥就是魚本身,如果魚群裡有一條非常強大的魚,牠就會稱王稱霸,而且會打壓其他魚,這條強大的魚就是毒藥,所以養魚的人一旦發現這樣的魚存在就會很矛盾,想處理掉牠卻有點不捨這魚長得大,於是就得找些解藥了。這解藥嘛,就是一條同樣有力量卻不稱王稱霸的魚,只要牠

第四章
堅持也講智慧，職場中要多替自己的大腦儲值

在，就能讓霸王魚嫉妒並且收斂，間接保護了其他魚，從而促進魚群的集體成長。你們說，這毒藥和解藥我選得對不對呢？是不是最好的選擇呢？」

聽了老闆的話，大家恍然大悟，小李卻羞愧地低下了頭。

人只能往上走嗎？

職場中的方向只有向上一條嗎？幾乎所有人都會給我肯定的答案，諸如「不想當將軍的士兵不是好士兵」之類的話等。所有人都言之鑿鑿，似乎只有認同這樣的答案，才能在職場中值得信任。

但事實上，大部分人還是在平凡的職位上兢兢業業工作了一輩子，不是沒有向上的念頭，而是向上的路畢竟要窄一些，不是每個努力的人都能擠得上去，那麼，擠不上是不是就意味著他們的職場生涯失敗了呢？

老何是我的一位同事，他一輩子都做同一個工作：司機。期間很多司機同事都升職了或是轉行了，只有老何從青年一直做到退休。業務上，老何是主力，能開車也會修車，技術優秀；為人處世上，老何更是楷模，提起老何，無論上級還是同事都是連豎大拇指。但是，老何的職場生活似乎從頭到尾都是在一條水平線上，自始至終都沒有向上進一步。老何難道就甘心這樣嗎？

我問過老何這個問題，老何居然給了我一個出乎意料的答案。他說，他的職場也是有方向的，就是一直向前，這些

第四章
堅持也講智慧，職場中要多替自己的大腦儲值

年他一直在向前，在單位扎下根，獲取應得的報酬，工作安心順意，職場氣氛和諧。年輕人，職場的路不只一條，不一定非要向上嘛。

老何的話說得實在，細細一想，事實果然如老何所說。這些年來，老何的工作職位雖然沒有變化，但他在無形中得到了很多。單位人脈深厚，業務技術精進，經歷過數次職務調整依然平平安安，難道這不也是一種職場成長嗎？

60歲的老何活得悠閒自在，可20歲出頭的小高卻不認同這一切。名校畢業的小高只有一個目標，就是努力向上，實現自己的職場價值。

小高從基層做起，很快就把業務知識學精了，日復一日的重複工作讓小高覺得厭煩。他認為一項工作在學會之後再反覆去做，對自己來說就是一種精力的浪費，於是就常常去找上級要求調職位，在把所有職位輪過一遍之後，小高發現自己沒什麼要學的東西了，於是便要求加入管理階層，只是這一次，小高碰壁了。

以前，小高要求調職位，上級都會說這年輕人熱愛學習，非常支持，但是，主動要求升職的小高卻引起了上級的反感。因為公司有自己的規劃，小高雖然是重點培養對象，但要想成為合格的領導者不僅僅需要精湛業務，更需要良好的心態，才能更好地管理人員和參與決策。如果沒有大的格

局觀,沒有沉下心、放下身段的穩重,是不具備成為優秀領導者的要求的。

聽不進上級的話的小高選擇了辭職,他振振有詞地說,人生有限,必須只爭朝夕。只是,大家後來聽說,離職後的小高發展得並不順利,他過於看重了職場的高度,卻忽略了職場的寬度與自身的厚度。

看過了老何與小高的職場經歷,孰勝孰劣一目了然。其實,他們最初選擇的職場方向都是一樣的,只是在努力的過程中發生了偏差。事實上,職場與人生其他事情都一樣,都是一個水到渠成的過程。過於執著反而是一種阻礙,經過努力,職場最終的方向一定是向上的,不同的是,這種向上更多的是一種個人體驗與綜合提升,而不是簡單的升職加薪。

第四章
堅持也講智慧，職場中要多替自己的大腦儲值

管得那麼寬，上級不喜歡

我有一位同事老陳，業務能力很高，工作經驗非常豐富，但是工作十多年了，一直都是一個小小的辦事員，始終不見提拔，究其原因，竟然是因為工作經驗太豐富和業務能力太好了。

單從字面上看，這是非常矛盾的。哪個上級不喜歡工作經驗豐富、業務能力高的員工呢？但問題在於，老陳雖然資歷很高，業務很精，但卻好為人師，不僅喜歡當新員工的老師，而且在一些上級和老同事面前，也總是喜歡擺出一副諄諄教導的樣子。

小王是剛到公司上班的大學生，上班第二天，老陳看到小王在打掃環境，禁不住微笑著說：「小王，不錯啊，剛上班時要低調一些勤快一些，不過，我可得提醒你，不要耽誤工作啊！我們公司的報表系統比較複雜，你得用心學啊！」

小王連連稱是，老陳志得意滿，可是這一幕落在了辦公室主任眼裡，心裡就不是滋味了，因為這些話本來應該是他說的。

一個月之後，小王也開始厭煩老陳了，因為老陳每天都

要這樣「教導」他一番，大到重要資料，小到提水拖地，都要提點一二，令小王覺得渾身不自在。漸漸地，小王就不那麼尊敬老陳了，對老陳說的話越來越不耐煩，有時也會頂老陳兩句。而與此同時，辦公室主任也看老陳越來越不順眼了，年底的評比，老陳自然就得不到這兩人的好評了。

在新員工面前當當老師倒沒什麼，但在上級專家面前旁若無人地誇誇其談就令人反感了。有一天，公司召開全體員工會議，會議上，主管講完話，提議大家可以簡單發表一下意見，老陳立刻站起來，接著就喋喋不休地講了起來，一個人足足講了半個小時，主管臉上的微笑都僵住了，雖然最後主管表揚了老陳，但還是毫不猶豫地把老陳所有的意見都否定了。

老陳樂此不疲地當著所有人的老師，「好為人師」的習慣簡直是無處不在。其實，老陳所有的出發點基本上都是好的，工作上挑不出任何錯誤，說的事情也都有些道理，但老陳忽略了一點，職場不是他一個人的，如果只是按照自己的想法說話做事，而不顧及別人的感受，自然就會被人排斥，久而久之，不但當不成老師，恐怕還會被打入「冷宮」。這樣看來，老陳工作十多年職位還是原地不動的原因就可以理解了。

第四章
堅持也講智慧，職場中要多替自己的大腦儲值

拚「後臺」，一定能成功？

我在大學裡一直就是優等生，畢業後順利進入一家大公司實習，我準備好好把握，在實習期做出些成績，早日成功轉正。更讓我底氣十足的是，我的一位親戚就在這家公司擔任要職。由於這層關係，讓我有些飄飄然，在學校裡的那股傲氣便不經意間表露了出來。因為是從最底層的職員做起，讓我有種大材小用的感覺，所以面對辦公室主任的調撥安排經常不以為意。

因為業務不熟悉和粗心大意，我接連出了幾回錯，心裡多少有些忐忑，可大家礙於親戚的關係，並沒有當面指責我。在一次次的容忍後，我變得更加自滿，往往是錯了也不知道錯在哪裡，甚至錯了也不知改正。終於，在又一次犯下低階錯誤後，辦公室主任向上級申請將我調離辦公室，不料這事被我的親戚知道了，他很不高興，特地把主任叫去談話，說我在大學裡就是優等生，一定能把工作做好，硬是把我留了下來。接下來的日子，主任經常幫助和提醒我，希望我能勝任這份工作，可我在得知主任找上司調離我的事情後，覺得他是有意針對自己，誤解讓我變得有些歇斯底里，

在工作中表現得極其強硬,有的時候錯上加錯。這段時間,親戚一直很照顧我,也找我談了幾次,可是礙於親戚關係,每次都是點到為止,這反而更助長了我的情緒。結果,這三個月實習期,我什麼技術都沒學到,反而每天陷於勾心鬥角的猜疑中,實習期一結束只好灰頭土臉慘敗而歸了。

沮喪的我再也沒有了自信與勇氣,天天借酒澆愁。有一次朋友聚會,我又喝多了,一位朋友見狀,向我問起原委,我就把這一切都告訴了他。他聽了我的講述,立刻意識到了問題所在,他對我說:「你的失敗其實並不是偶然,要知道過去的成績只能代表過去,在新的環境中,必須一切從零起步。你的親戚在公司確實能幫助你,但也許會幫倒忙,如果他是直截了當地對你劃清工作和私人的關係,也許你就會沉下心來工作,就不會這麼失敗了!其實,職場新人最忌諱的就是職場親人,因為職場親人會讓新人的成長變得不正常,你想想那些成功人士,有幾個人是靠著家裡關係成功的?」聽了他的話,我終於意識到了自己的問題所在。

很快,我又應徵去了一家新公司,很快因為業績優秀被破格提拔為管理人員。在這家公司裡,我毫無背景,完全憑藉自己的實力獲得了成功。我開始靜下心來努力做好每一項工作,再也不炫耀自己過去的榮譽,因為我明白,任何時候都是一個新的開始,面對未來,我不能依靠任何人,只能從零做起。

第四章
堅持也講智慧,職場中要多替自己的大腦儲值

少說「不知道」

　　身為一個職場新人,我每天都會盡職盡責地完成自己的工作,而且始終堅持實事求是的工作原則,一不偷懶打混,二不炫耀浮誇,但還是有過兩次失敗的工作經歷。

　　第一次是在一家廣告公司,那是我上班的第三天。下午一上班,主任來到我的辦公室,看到只有我一個人,就問我劉副主任去哪裡了?我說不知道,主任沒有說話,轉身走了。我並沒有覺出絲毫的不妥,因為副主任是我的頂頭上司,他不可能有事外出還要向我彙報。可是第二天,主任又來了,問的還是一樣的問題,我又說了聲不知道,主任這次臉色有點難看,但還是沒說什麼就走了。

　　過了一個星期,主任告知我沒有通過公司的實習考察,我百思不得其解,後來還是聽一位同事說了才明白真相,原來,問題就是出在我說的那兩個「不知道」。我所在公司每天早上各個辦公室都會開會,副主任會安排所有人的工作,並且會通告自己一天的工作,所以我不可能不知道副主任在忙什麼,一次可能情有可原,但兩次就有些問題了。主任顯然認為我不關心公司的事情而總是以自我為主,然後把我和其

他人一比較，我被淘汰自然就不奇怪了。

　　第二次是在一家人力資源公司。我在這個公司做得滿不錯的，上司和同事都很認可我，可眼看就要實習期滿轉正的時候，出問題了。那天，一個客戶來到公司，當時辦公室就我一個人，於是我就接待了他。這位客戶經營著一個餐廳，想找兩名手藝好的廚師，我就把廚師的資料調出來讓他挑選，不料他卻不耐煩地把資料放在一邊，反而跟我不停攀談起來，一會兒問本地人喜歡吃魯菜還是吃川菜，一會兒又問川菜中有什麼名菜，怎麼做才好吃，還有本地的菜價如何，本地哪種土特產比較有名……當時我手頭上還有一堆工作，對他的提問本就有些厭煩，偏偏他問的事我大多數還真不知道，於是，我就隨口說了幾個不知道，打發走了他。後來，我才知道，他投訴我，說我態度不好敷衍了事，結果我又一次丟了工作。

　　經過這兩次教訓，在以後的工作中，我特別注意了這一點，無論在什麼情況下，我都盡量少說「不知道」，因為這三個字在職場環境中往往包含著一種不尊重對方的意味，所以一定要慎言。

第四章
堅持也講智慧，職場中要多替自己的大腦儲值

極端的「加速」，
除了疲勞什麼都得不到

小張大學畢業後進入了一家 IT 公司，上進的他立刻全心地投入工作之中。每天，他不僅要完成上級安排的工作，還會為自己量身訂作一套「加速」計畫，每天要學習大量業務知識，還根據公司規劃把一些工作攬到了自己身上。用小張自己的話說，這叫「迅速進入角色」。小張心裡一直有個計畫，兩年內當上副主任，五年內進入公司管理層。

轉眼半年過去了，小張的生活除了工作再也沒有其他事情。他沒有看過一場電影，沒有參加一次同事聚會，甚至沒有參與過一次同事間的閒聊。在公司裡，小張迅速變得知名起來，大家都知道企業規劃部來了一個「拚命三郎」。

因為埋頭工作，除了在同一辦公室的同事，小張幾乎不認識其他人。在公司大樓裡，小張永遠是最忙碌的一個人，除了工作從來不做其他事，這讓他成了一個另類，大家都有點不適應有個這樣的同事。

年終評比，小張毫無疑問地被評為優秀員工，但是，頒獎會上公司經理的一句話卻讓小張心裡涼了半截：「小張是

個好員工,埋頭工作兢兢業業。那天,公司李董想提點他一下,讓他到辦公室坐坐,他都毫不猶豫地回絕了,說自己還有很多事要做,這種精神真是讓人感動啊!」

小張想了半天,才想起前幾天確實有個中年人讓自己下班後到他辦公室坐坐,可他根本不認識那人,而且他的業餘時間也被安排得滿滿的,就一口回絕了,真沒想到,那人居然是公司李董。其實,小張也不是沒有見過李董,但是印象很模糊,他一直在自己的計畫中「加速」了,連點停下來的時間都沒有,竟然連上司的樣子都記不清楚了。

從這件事上,小張有了教訓。他從繁忙的計畫中抽出了點時間,盤點了一下自己是否還犯過類似的錯誤,結果不盤點不要緊,一盤點頓時把他嚇了一大跳。

小張發現,自己因為一直忙於工作,沒有替辦公室加過一壺水,沒有打掃過一次環境,甚至連上下班遇到同事時都從未主動說過一句「你好」。他在公司裡的人脈幾乎為零,而這一切都是因為他太忙了,「加速鍵」一按下去,自己都控制不住自己。現在,公司裡有人傳言小張過於清高,眼高於頂,還有人說小張是個死腦筋⋯⋯這些傳言令小張頭痛起來。他痛定思痛之後,決定改變自己,但是,這種「加速」狀態一直用了兩個月時間才調整過來。

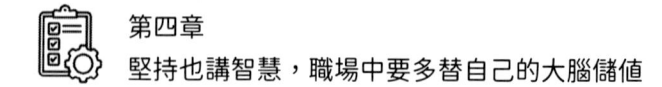

第四章
堅持也講智慧,職場中要多替自己的大腦儲值

這時,小張也終於明白了,職場中絕對不能一味地按下「加速鍵」,快或者慢要因人而異,更要因時因地而異,這裡面的學問大著呢!

理直氣壯地去求職

大學畢業後,我曾經四處求職,每到一處,我都斟字酌句小心翼翼,唯恐一不小心,得罪了面試官,可是即便這樣,過了半年,我還是沒找到一份工作,每次都是被卡在了面試這一關。

我非常鬱悶,身為大學裡的優等生,我各方面條件都不錯,卻一直沒有得到施展的機會。雖然我一直沒放棄繼續找工作,但這樣下去也不是辦法,看著同學們一個個都找到了工作,並且做得如魚得水,我是急得欲哭無淚。

在一次同學聚會上,同學們看到我面色憔悴,都關切地問我原因,得知我的困境後,他們幫我把求職過程梳理了一遍,終於發現了問題所在。

原來,我把自己的位置放得太低了。現在是一個平等開放的時代,只要有本事不愁沒公司要,我處處小心固然沒錯,但卻顯得有些底氣不足,讓面試人員感覺與求職履歷上寫的不符。事實上,在求職者渴望得到一個就業機會施展才華的同時,公司也對人才求賢若渴。如果應徵者表現得太過拘謹謙恭,可能會被公司認為缺少底氣,沒有開拓精神。

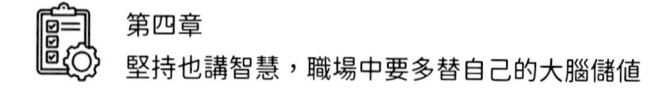

第四章
堅持也講智慧，職場中要多替自己的大腦儲值

後來，我又得到了一個面試的機會，這一次，我開門見山地告訴面試人員，我來到貴公司志在必得，因為我本身具有很多方面的優勢，相信一定能做好這項工作，然後我不卑不亢地講述了自己的特點和優勢。

面試人員看著信心滿滿侃侃而談的我，心裡的顧慮少了大半，當即拍板進行三個月試用，試用合格就轉正職。

現在，我已經是這家公司的業務部經理了，有時也負責面試，每次面試時，我會對每一個應徵者說，我們在進行的是一個雙向選擇，我不需要你向我負責，我只希望你對自己負責，對公司負責，如果能做到這一點，我就會給你一個證明自己的機會。

輸了口舌，贏了心

朋友小張跳槽到一家新公司，在新公司，小張一改常態，每天默默無聞，只知埋頭工作，而且，這種狀態也延伸到了生活中。在例行的朋友聚會中，小張總是顯得安靜恬淡，坐在一個角落裡喝茶，與往日那個飛揚跋扈侃侃而談的形象大相逕庭。

我深感奇怪，就問他：「小張，怎麼突然轉了性了，是不是遇到什麼挫折了？」

小張聽了我的話，卻只是微笑著搖搖頭，也不說話，令我一頭霧水。

後來，我從其他朋友口中陸續得到了小張的一些消息。小張的新公司是一家IT類公司，競爭非常激烈，小張雖然業務精通，但也常遇到各種問題，特別是和小張一個辦公室裡有兩位同事，個性都是非常張揚，口才出眾從不吃虧，每次公司開會都會搶著發言，把功勞往自己身上攬，把失誤往別人身上推，由於小張像個木頭一樣只知道埋頭工作，也就替他們背了不少黑鍋。

聽到這裡，我在心裡暗暗驚奇，因為按照以往我對小張

第四章
堅持也講智慧，職場中要多替自己的大腦儲值

的了解，他也是個非常好勝的人，這樣的悶氣怎麼能忍得下來呢？這樣下去，恐怕過不了多久他就又要跳槽了吧。

可出乎我意料的是，在接下來的朋友聚會中，小張還是一如既往的平靜，沒有一點我想像中的沮喪頹廢。後來，我更聽到了令我震驚的消息，小張不但沒辭職跳槽，反而在這家公司升了職加了薪，他那兩個贏了口舌之爭的同事都變成了他的下屬。

朋友們也都和我一樣驚奇。在一次聚會中，大家團團圍住小張，一定要他談談成功的經驗，小張見拗不過大家，只好說出了其中的原委。

原來，小張之前跳槽的主要原因就是他那張揚的個性。在以前的公司，小張雖然也是盡心盡力，卻因為太在乎口舌之爭，把精力不知不覺轉移到了工作之外，雖然贏了口舌，卻輸了心，失去了上級與同事的信任。他痛定思痛，決定重新開始，並一直堅持踏實工作少爭口舌的原則，把所有精力放在工作上，盡量避免一些口舌之爭，雖然表面上吃了不少虧，輸了不少口舌之爭，卻贏得了上司的心。他的不懈努力也讓自己迅速成為業務核心，成了公司不可或缺的人物，所以，加薪升職自然就是水到渠成的事情了。

聽了小張的話，我才恍然大悟，原來，贏心與贏口的差距這麼大啊！

感謝大嘴巴，賜我一顆大心臟

　　我有位同事是個大嘴巴，凡是她聽見的事經她之嘴很快便會人盡皆知。時間久了，我們有什麼事都不願意跟她說，因為有些事雖然不大，但也是個人隱私，不宜廣而告之。可是這位大嘴巴朋友還是個順風耳，你不說給她聽，她便會絞盡腦汁想方設法打聽到，一旦聽個大概，立刻便會傳得有鼻子有眼。

　　生活中，大嘴巴幾乎到處都有，而且，這類人還喜歡群居。試想一下，一個大嘴巴已經搞得滿城風雨了，幾個大嘴巴在一起必然是會興風作浪的。你與大嘴巴爭辯，只會把自己越描越黑，你若與她們為伍，人生觀、價值觀必然會被她們的嘴說得扭曲變形，那麼，應該如何與大嘴巴相處呢？答案就是，磨礪一顆大心臟。

　　大心臟不是力挽狂瀾的英雄豪傑，也不是危險之際顯身手的正義志士，其實，真正的大心臟屬於那種在瑣碎與繁雜中仍能遊刃有餘的人，屬於在平凡中仍能自在從容的人，屬於在大嘴巴的環繞糾纏中依然坦然自若的人。

　　我的另一位同事就是一個大心臟，她與那位大嘴巴同事

第四章
堅持也講智慧，職場中要多替自己的大腦儲值

在一間辦公室工作。兩人低頭不見抬頭見，一個健談，一個寡言，一個聲傳四海，一個沉默是金。這些年來，大嘴巴沒有少說大心臟的事情，將她的一點小事放大，誇大缺點，點評是非，可事實上，短短五年時間，大心臟從一個見習學生成了業務核心，從一個稚嫩菜鳥成了公司菁英，而最近，大嘴巴嘴中這位幾乎一無是處的大心臟同事更是從普通科員變成了科長。面對這一變化，大嘴巴終於有所收斂，卻還是在背後憤憤不平連道不公。

我們這些旁觀者卻看清了一切。原來，這些年，大心臟在大嘴巴的「攻擊」下變得越來越擅長處理各種突發情況了，面對大嘴巴不時施展的小伎倆小手段，大心臟從容面對一一化解，情商不斷攀升，再加上業務也沒有放下，於是被上級相中並提拔到重要職位。

如果說大嘴巴是矛，大心臟就是盾，一個銳利卻難以持久，一個鈍實卻不斷累積，時日久了，獲勝一方必然是主守的盾。因為它首先考慮的是如何立於不敗之地，然後才是悄無聲響地抵擋，耗光了對方的力量，又增長了自己的智慧，怎能不成為最後的贏家呢？

職場不倒翁：智慧比努力更重要

　　大學畢業後我四處求職，終於在一家廣告公司謀得了一份工作。我很珍惜來之不易的機會，每天都上足馬力加班，每項工作都力求完美，但是三個月實習期過後，主管卻通知我沒有通過實習，反而是和我一同進公司的小趙留了下來。

　　小趙每天嘻嘻哈哈的，工作時也常開玩笑，上級交給他的幾個工作雖然完成了，但絕沒有我完成得那麼完美。我心裡迷惑不解，還有一絲憤怒，難道是小趙走了不正當管道嗎？

　　那天下午，同事們一起送我，請我吃了頓飯，小趙也參加了，喝了幾杯酒的我再也抑制不住心頭的憤怒，我對小趙說：「為什麼我兢兢業業，你吊兒郎當，反而是你留下我走呢？」

　　小趙聽了我的話也不生氣，他說：「其實，我們兩人的工作能力差不多，但是我有一個職場不倒翁指導著，掌握了職場的規則，所以就留下來了。」

　　我一聽更生氣了，說：「是不是主管啊？有他幫著你，你當然不會走人了。」

第四章
堅持也講智慧，職場中要多替自己的大腦儲值

小趙哈哈大笑起來，說：「錯了，錯了，這個職場不倒翁是我在市場賣水果的老爸，我可是一點背景都沒有，主管對我們絕對是一視同仁的。」

看到我迷惑不解，小趙對我道出了真相。原來，他老爸賣水果十多年了，身邊的攤位也不知換了多少人，唯有他屹立不倒，而且有穩定的客戶群。在市場競爭中，小趙老爸也經歷過同行排擠和市場詐欺等困難，每次他都是以德報怨，寧肯自己吃點虧，絕不因此得罪人。後來時間久了，他與大多數人化敵為友，但也有些人總是難以溝通，於是他就改變策略，透過打官司、良性競爭等手段將對手打敗。

小趙正是從老爸身上摸到了門道，他告訴我：「有兩種人無法在激烈的競爭中站穩腳跟，一是不按規矩出牌的人，二是永遠按規矩出牌的人。職場之勝在於張弛有道，無論處在何種時期，完美都是不可能的，特別是在競爭環境中，適當的留有餘地，反而會成就自己。」小趙說：「你凡事力求完美，這當然沒問題，但是要有一個前提：你不因此影響了別人。有幾次，你在辦公室加班到深夜，走時忘了關電暖器，主管發現後很生氣，但因為知道你是忙工作，所以也沒說你，可後來你又出現了幾次這種情況。有一次還搞得滿地廢紙，試問，這樣下去，就算你工作再努力，也會變得孤立無援，其實我們也想幫你，但同事之間有些事不能挑明，有時

暗示你,但你只一心撲在工作上,根本就沒在意。」

我恍然大悟,原來職場不倒翁絕不是只靠工作能力就能成功的,職場競爭激烈各種情況都會遇到,要想在職場中屹立不倒,需要的是一種張弛有度的智慧和敏而好學的態度。

有了職場不倒翁的成功祕訣,很快,我就成功進入了另一家廣告公司,現在我已經是業務主管了。

第四章
堅持也講智慧，職場中要多替自己的大腦儲值

第五章
為人處世,要圓融通達,
該堅持的堅持,該捨棄的捨棄

面對千變萬化的人生,內心的堅持與外表的妥協能否和諧相處?一個人成熟的過程其實就是不斷尋找這個契合點的過程,處世需圓,為人要方,圓包容萬物,方稜角分明,足以實現內心與外在的共通,理想與現實的雙贏。

第五章
為人處世,要圓融通達,該堅持的堅持,該捨棄的捨棄

「最昂貴錯誤」的背後

2011年12月13日,在美國紐約蘇富比拍賣行的一場拍賣會上,有一件拍賣品引發了人們的廣泛關注,那就是1976年蘋果公司三位創始人韋恩(Ronald Wayne)和賈伯斯、沃茲尼亞克(Steve Wozniak)簽署的「蘋果公司合夥合約修正協議」。這份「協議」是在韋恩以800美元賣掉蘋果10%股份後簽署的,協議確認了韋恩不再是蘋果公司合夥人。

在全世界的各大媒體上,韋恩的這個決定一直被認為是世界上「最昂貴的錯誤」,因為當年他以800美元賣出的股權如今淨值已高達3,500億美元,他放棄了天文數字般的財富一直被作為創業者的反面教材。但是,事實真的如此嗎?

1976年4月初,42歲的韋恩和賈伯斯以及沃茲尼亞克聯合創辦了蘋果電腦公司,韋恩負責設計了第一個「蘋果」公司商標,並起草了最早的「合夥合約」以及「蘋果一號」電腦的使用手冊。韋恩當時擁有蘋果公司10%的股份,但是僅僅十天之後,韋恩就以800美元的價格將自己的蘋果公司股份全部賣給了另外兩名創始人,接著他就徹底離開了蘋果公司。蘋果公司一直對韋恩的離開諱莫如深,僅以一句「韋恩經濟

上遇到困難」搪塞了之。

但事實情況是,當時的韋恩雖然收入不高,但絕非食不果腹。35 年來,無數媒體試圖挖掘當時的真相,後來更是傳出無數種說法,甚囂塵上的便是賈伯斯與韋恩的「不和論」。

事實上,賈伯斯與韋恩的感情非常深厚,由於年齡關係,賈伯斯一直將韋恩視為「父親般的角色」,後來雖然韋恩離開了蘋果公司,但賈伯斯一直沒有放棄過再次請他進入蘋果公司。1978 年,蘋果公司在競爭激烈的電腦市場站穩了腳跟,賈伯斯再次隆重邀請韋恩加入蘋果公司,但韋恩卻毫不猶豫地拒絕了賈伯斯的邀請。他繼續在雅達利公司工作,後來又換了好幾家電子公司上班直至退休,韋恩退休後靠賣珍稀郵票、罕見錢幣和金幣維持生計。

韋恩一生申請了 12 項專利,但他沒有足夠的資金對這些專利進行投資,沒有靠這些專利賺過一分錢,這讓韋恩的生活一直無法跨入真正的富豪行列。自從離開蘋果公司後,韋恩沒有擁有過一件蘋果公司的產品,直到 2011 年 9 月 5 日,他在英國布萊頓市參加「現代化研討會」時,才收到了一件 iPad2 作為禮物,這是他生平擁有的第一件「蘋果」公司產品。而這時,賈伯斯已經病入膏肓。

2011 年 10 月 5 日,賈伯斯因積勞成疾病逝,年僅 56 歲。77 歲的韋恩悲痛之餘,也終於揭露了當年股份轉賣事件

第五章
為人處世,要圓融通達,該堅持的堅持,該捨棄的捨棄

的真相,他說:「毫無疑問,我堅信當年離開蘋果公司是一個正確的決定。我知道,賈伯斯和沃茲尼亞克是多麼優秀的年輕人,他們擁有超凡的智慧,但是他們兩人也是真正的工作狂,像旋風一樣,你知道的,這樣對事業很好,但對身體很不好。如果我當年留在蘋果公司工作,巨大的工作強度可能會令我沒命活到現在。」

一語道破天機。原來,韋恩並不想用透支生命來換取財富,當我們帶著嘲諷的口吻談論當初韋恩的決定時,56 歲的賈伯斯已經英年早逝,而 77 歲的韋恩仍然平靜從容地生活著。從人生的價值來看,或許賈伯斯更為精采輝煌,但他的人生並不是完美的,過大的壓力讓他透支了自己的生命,從某種意義上來說,犯下「最昂貴錯誤」的或許不是韋恩,而是賈伯斯。

埃蒙斯的最後一槍

2012年8月6日,倫敦奧運會男子50公尺步槍三姿比賽賽場上,美國選手馬修‧埃蒙斯(Matthew Emmons)射出了最後一槍,7.6環,這一超低環數讓他的銀牌瞬間變成了銅牌。但是,埃蒙斯的臉上只是出現了一抹淡淡的失望,隨即便微笑了起來。有了前兩屆奧運會最後一槍的痛失金牌經歷,埃蒙斯對這一槍的態度已經變得十分淡然。

三屆奧運會的最後一槍,埃蒙斯從脫靶、4.4環到7.6環,一次次陷入魔咒,但是,在人們為他扼腕嘆息的時候,卻並不了解在這三槍的背後,埃蒙斯雖然失去了金牌與名次,卻贏得了更為寶貴的東西,那就是愛情、理想與全世界的尊重。

2004年雅典奧運會男子步槍三姿決賽,前九槍領先對手3環之多的埃蒙斯最後一槍鬼使神差地把子彈打到了別人的靶子上,把唾手可得的金牌拱手讓給了賈占波。年輕氣盛的埃蒙斯懊惱萬分,但他卻並不知道,在不遠處的看臺上,一雙美麗的眼睛正在注視著他的一舉一動,正在為一家電視臺做現場解說的捷克射擊美女卡特琳娜目睹了埃蒙斯的「悲慘」遭遇後充滿同情,她來到這個當時對她來說高高在上的神槍

第五章
為人處世,要圓融通達,該堅持的堅持,該捨棄的捨棄

手面前,安慰了他。

多年以後,埃蒙斯回憶起當時的一幕仍然滿懷喜悅,他說:「當時我坐在椅子上,突然感覺有人拍我肩膀,回頭看到她的時候,我覺得自己的呼吸都要停止了,這太夢幻了。你知道嗎?早知道卡特琳娜要來安慰我,我第一槍就脫靶!」有了這一次美麗邂逅,埃蒙斯失利的沮喪一掃而空,因為他找到了更為珍貴的——愛情。接下來,兩人迅速確立了這段跨國的傳奇戀情,三年後,在卡特琳娜的故鄉,他們走進了婚姻殿堂。

2008年北京奧運會,卡特琳娜和埃蒙斯攜手來到了中國。但是,愛情並沒帶給埃蒙斯好運。在男子50公尺步槍3×40決賽中,埃蒙斯在倒數第二輪領先將近4環的情況下,最後一輪僅打出了4.4環,把金牌拱手讓給了中國選手邱健。賽後,埃蒙斯在妻子懷中痛哭的場景感動了所有觀眾,人們也紛紛為他送上了祝福。

在妻子的鼓勵下,埃蒙斯很快走出了陰影,他宣布將繼續摯愛的射擊事業,為2012年倫敦奧運會做準備。這時,埃蒙斯的孩子出世了,這也給了他更大的決心。他說:「有了卡特琳娜和可愛的孩子,我感到我是如此幸運,這是生命中最重要的,我知道無論比賽的輸贏,她們一直都會在我身邊。」

但這時,更殘酷的命運考驗降臨了。2010年9月,正在

加緊備戰倫敦奧運選拔賽的埃蒙斯被診斷患上了甲狀腺癌，這從天而降的消息並沒有打倒他，在經歷過兩次最後一槍發揮失常後，埃蒙斯已經變得堅強無比了。隨後，他在妻子的陪伴下去紐約做了手術，切除了甲狀腺，並進行了長達半年的休養、恢復，在完全恢復健康後，埃蒙斯果斷地重新舉起了步槍，他要向生命挑戰。埃蒙斯說：「我已獲得了第二次生命，我已擁有了寶貴的愛情，下一步，我要繼續我的理想，不論結果如何，我會繼續奮鬥下去。」在接下來的選拔賽中，埃蒙斯順利獲得了參加2012年奧運會的入場券。

倫敦奧運會上，雖然埃蒙斯再次倒在了最後一槍，但對於已經歷過大風大浪的他來說，這反而成了一件小事情，他甚至可以談笑著回顧自己的三次奧運之旅，而世人也給了他毫不吝嗇的掌聲。是的，在經歷過失敗與疾病之後，重新站在奧林匹克的賽場上，這本身就是一個了不起的創舉，埃蒙斯已經證明了自己是一名當之無愧的強者。

世人只看到埃蒙斯的失敗，卻無人發現，正是因為他的堅強與執著，他才在失敗中獲得了更為寶貴的事物——愛情、理想與世人的尊重，毫無疑問，這三樣東西的價值要遠遠超過那些枯燥的名次與短暫的榮光，有了這三樣東西，埃蒙斯的最後一槍無論取得何種結果都已變得不再重要，因為他已獲得了遠遠凌駕於冠軍之上的獎賞。

第五章
為人處世，要圓融通達，該堅持的堅持，該捨棄的捨棄

郭台銘的多面人生

　　他是家中長子，1950 年出生於臺北一個普通的公務員家庭。父親是派出所的一名警察，對兒女從小就採取軍事化教育，一個口令一個動作必須迅速準確，否則就要懲罰。童年的經歷在他的腦海中根深蒂固，並在今後的人生中被反覆提及，可以說，他的童年便被埋下了嚴謹守規的種子，一張稚嫩的面孔也被塗上了成人的色彩。

　　1966 年，他進入臺灣「海事專科學校」學習。求學期間，為了減輕家裡的負擔，他在橡膠廠、砂輪廠和製藥廠打工，靠半工半讀完成了學業。服完兵役後，他在復興航運公司當起了業務員，安穩平凡的生活似乎已在向他招手，但是，他心中一直有個放不下的夢 —— 自己創業。他常常想起偶像王永慶賣米起家的傳奇故事，並暗暗下了決心，不管成敗一定要試一試。

　　24 歲時，一位朋友告訴他，有位外商有一批塑膠零件的訂單，想找公司承接生產。他意識到機會來了，於是出資 10 萬元新臺幣與朋友成立了「鴻海塑膠企業有限公司」，應徵了 15 名員工，在租來的 70 平方公尺的廠房裡開了張。此時的

他，信心滿滿，但很快，冷冰冰的現實便將他打入了人生的第一個谷底。

在創業的喜悅中興奮了沒幾天，他就要面對一系列現實問題，塑膠模具的生產是個難題，而客戶的步步緊逼也讓初涉商海的他手足無措。

1975 年，在臺北三重河堤旁的一家五金模具店內，身材消瘦的他一面奉上已點燃的香菸，一面堆滿笑意奉承著店內的諸位師傅：「拜託你們了，模具請一定要在今天趕出來，客戶明天就要了。我這裡有幾張電影票，今天將模具完成，晚上請你們去看電影！」

從五金模具店出來，他顧不得喘口氣，咬咬牙從一旁的百貨店裡買了昂貴的蜂蜜禮品，立即動身趕往一個客戶家中。客戶開門收下禮品，卻把他擋在了門外。

他在緊閉的大門前站了好久，終於還是轉身離開了，他要趕回自己的塑膠公司，他甚至都來不及擦去臉上流下的委屈淚水。

鴻海塑膠公司自創立以來，一直入不敷出。創立之初，合夥的朋友們紛紛退出，是他硬著頭皮從岳父那裡借來錢苦苦支撐。在這段時間，他戴著堅強的面具，卻遮掩不住內心的脆弱。

皇天不負苦心人，兩年之後，他的塑膠公司開始轉虧為

第五章
為人處世，要圓融通達，該堅持的堅持，該捨棄的捨棄

盈，公司有了一定的資金儲備。這時，他面臨著一個選擇，他可以將公司出手，用手中的現金投入兩個更大的賺錢機會──炒地皮和買原材料囤積等待升值。經過深思熟慮後，他還是放棄了這兩個看似更容易賺錢的途徑，而是買來先進的日本模具機器，發展技術實力，為長期發展奠定基礎。

這一年，他 27 歲，青春的臉龐卻已寫滿了閱盡世事的滄桑與洞明世情的了悟。

8 年之後，他決定將公司改名為「富士康」。

沒錯，他就是臺灣首富郭台銘。創辦富士康成功之後，他一度認為自己花費十年心血建立的事業會一路順暢下去，他沒有想到，生活仍然在給他難測的考驗。

2010 年是他的本命年，花甲之年留給他的記憶卻是刻骨銘心的疼痛。在歷經了一系列「跳樓」事件，富士康成為關注度最高的新聞關鍵詞之後，出現在大眾面前的郭台銘沒有了往常的強悍與傲慢，兩鬢斑白的他表現更多的是憔悴和不安。他宣布了一系列整治措施，力圖挽回公司的聲譽，但那張憔悴的面孔還是留在了人們的記憶中。

也許有的人生來便是一場傳奇，郭台銘便是如此。回顧他的經歷，我們發現，他的人生可以用多面來形容，而從某種意義上來說，正是這許多個表情豐富迥異不同的面孔造就了他的成功。

郭台銘曾經說過：「阿里山的神木之所以大，4,000 年前種子掉到土裡時就已決定了，絕不是 4,000 年後才知道的。」這句話揭示了他的經歷，而其中的酸甜苦辣，個中滋味恐怕也只有郭台銘自己才能夠體會吧！

第五章
為人處世，要圓融通達，該堅持的堅持，該捨棄的捨棄

梅克爾的智慧

安格拉‧梅克爾，被稱為「德國的柴契爾」，德國歷史上第一位女總理。從踏上政治舞臺的那一天起，她的一舉一動就吸引著世人目光，處處彰顯出與眾不同的智慧。

梅克爾不能算是傳統意義上的美女，但是，她獲得連任時使出的招數可是典型的「美人計」！參選前的梅克爾一改往日政壇強人的著裝作風，身穿一襲黑色低胸晚禮服出席活動，當天她展現出的性感形象甚至引發了「國際爭論」。對此，梅克爾的回答讓全世界啞口無言：「很簡單，因為德國總理是女性。」

但這只是個開始，在連任競選的海報上是梅克爾身穿低胸晚禮服的大幅巨照，還打出「我們還可以有更多奉獻」這樣幽默富有調情意味的標語。此舉一出，政客在德國公民心目中枯燥乏味、正襟危坐的印象頓時蕩然無存，而梅克爾除了更加引人注目，更多了一份前所未有的親和力。特別是當鐵娘子身著性感晚禮服彎下身子的時候，她讓人們看到的，除了那深深的乳溝，還有一顆智慧的心。

其實，梅克爾的智慧不僅展示在政治上，在婚姻家庭方面，她同樣深諳經營之道。

梅克爾的丈夫是化學教授約阿希姆‧紹爾，當梅克爾成為叱吒德國政壇的人物時，夫妻倆一年也見不上幾面，儘管如此，夫婦兩人卻配合得非常默契。每到週末，夫婦倆喜歡去他們在滕普林的寓所度假。在那裡，梅克爾會一邊做飯，一邊安靜地聽著紹爾講述他的科學研究。

　　日常生活中，梅克爾每天早上要先為丈夫做早飯，然後到了七點半再準時動身趕往總理府。下班之後，梅克爾會先到超市買菜再回家為丈夫做飯。儘管如此，她還是覺得丈夫要承擔的家務比自己多得多，並為此更感謝自己的丈夫。

　　有記者問梅克爾，擔任總理後她的生活有什麼改變？梅克爾回答說，沒什麼改變，還像以前一樣做馬鈴薯泥。她雷厲風行、果敢決斷的工作作風頗有幾分男性風度，但這並未讓她忘記自己的妻子身分，只要有空閒，她就會到花園裡擺弄花草，或是下廚做幾個拿手菜。梅克爾更曾公開表態：如果她丈夫在南非得到一個教授職位或研究課題，她將義無反顧地跟著去，把政治摺在一邊。

　　梅克爾的言行讓她的婚姻無比牢固，因為聰明的她非常明白，女人一定要有事業，這樣才不必依附他人，才能渾身上下透著自信與從容；女人還要懂愛情，這樣的女人才勇於真心付出，舉手投足間會帶著優雅與嫵媚。試想一下，自信加優雅，從容又嫵媚，如此之妻，夫復何求？

第五章
為人處世，要圓融通達，該堅持的堅持，該捨棄的捨棄

被女友窮養的格鬥之王

康納・麥葛瑞格（Conor McGregor），一個在 UFC（世界終極格鬥冠軍賽）如雷貫耳的名字，2015 年 12 月，他僅費時 13 秒就擊潰了已保持十年不敗的前 UFC 羽量級冠軍奧爾多，成為當之無愧的新一代格鬥之王，並被粉絲稱為「愛爾蘭男神」。但是，鮮為人知的是，在成名之前的八年時間裡，麥葛瑞格竟然只是一個依靠女友打工「窮養」的無業遊民。

出生於愛爾蘭普通家庭的麥葛瑞格從小就對綜合格鬥有著狂熱的痴迷，但成為一名職業格鬥選手卻是一件很不容易的事情，不僅需要每天去健身房、訓練室進行刻苦訓練，還要補充大量營養，這讓麥葛瑞格經濟拮据的家庭難以承受。成年之後，麥葛瑞格一度曾經想過放棄夢想，但就在此時，他遇到了同樣熱愛格鬥崇敬英雄的愛爾蘭女孩迪・德夫琳。

在健身房裡，德夫琳看到這個揮汗如雨的年輕人眼神中充滿著憂鬱與悲傷，當她了解到麥葛瑞格準備放棄自己的夢想時，她堅定地告訴麥葛瑞格：夢想有多大，現實就有多殘酷。但對一個期待征服全世界的終極格鬥選手來說，這也是一個必須接受的挑戰。

麥葛瑞格被眼前這個女孩的話語重新點燃了信心，他決定堅持自己的夢想。兩個月之後，已經相戀的麥葛瑞格和德夫琳在距愛爾蘭首都都柏林30公里的郊區租了一處廉價公寓，在這裡，他們一待就是八年。每天，麥葛瑞格都為自己制定了近乎殘酷的訓練計畫，他常常累得筋疲力盡，連說話的力氣都沒有，而德夫琳的付出並不比麥葛瑞格少，她每天要輾轉好幾處地方打工，最多的時候同時做著七份零工，而這一切都是為了應付男友麥葛瑞格訓練和比賽的巨大開支。

看到女友為了自己不能像普通女孩一樣打扮、放鬆、旅遊，麥葛瑞格心中充滿了愧疚，而更令他感到無法接受的是，他四處參加比賽，卻因為經驗和實力不足頻頻敗北，不僅沒有賺到錢，反而多次把錢賠光。幸好，每次當失敗的麥葛瑞格筋疲力盡地回到家中時，德夫琳都會溫柔地對他說：「親愛的，沒關係，我相信，你一定可以做到的！」

德夫琳一次次點燃麥葛瑞格心中即將熄滅的火焰，也激勵著他一次次戰勝自己。終於，在2012年，麥葛瑞格的勝率開始直線上升，拿到了CWFC（籠鬥錦標賽）羽量級及輕量級雙料冠軍，隨後簽約UFC成為羽量級選手！正式踏入了終極格鬥的舞臺。

夢想，已經越來越近了。2012年之後，麥葛瑞格愈戰愈勇，擊敗了一個又一個強大的對手。他作風勇猛，拳速快

第五章
為人處世，要圓融通達，該堅持的堅持，該捨棄的捨棄

如閃電，比賽一開始就以狂風驟雨般的組合拳將對手擊倒。曾經靠女友養活的日子一去不復返了，麥葛瑞格成為綜合格鬥界光彩奪目的超級明星，擁有了千萬粉絲，金錢財富滾滾而來。

2015年12月，當麥葛瑞格以壓倒性優勢成為新的UFC羽量級冠軍時，他卻沒有瘋狂慶祝，因為他遠遠看到臺下的女友德夫琳已經泣不成聲。

成名之後，麥葛瑞格要求德夫琳辭去所有工作，他開始帶著德夫琳去世界各地旅遊購物，要把虧欠她的盡量彌補回來。他知道，雖然德夫琳認為這些並不重要，但自己卻絕不容許自己深愛的女人再受一點的委屈。

2016年2月的世界MMA綜合格鬥大獎頒獎典禮上，麥葛瑞格成了世界MMA最佳男運動員。在接受媒體採訪時，他又想起了那段依靠女友「窮養」的歲月，他說：「我們在一起八年，過了很多困苦的日子。她卻是如此的相信著我，鼓勵著我，沒有她，就不可能會有今天的我！如果有人問我獲得勝利的祕訣是什麼，我告訴大家，是愛！」

善待那些垃圾

1973 年的春天,美國緬因州一所破舊的房子裡,女主人姐碧莎從家裡的垃圾堆中撿到了擔任中學教師的丈夫遺棄的一疊舊稿。她知道丈夫一直酷愛文學,每天的閒暇時間都要進行創作,但是,雖然創作很勤奮,作品卻一直不被認同,家庭經濟狀況的窘迫讓丈夫感到愧對家庭,他決定放棄寫作,用節省出的時間再做幾份兼職以補貼家用。身為妻子,姐碧莎深知丈夫極有文學天賦,她並不希望丈夫輕言放棄。

姐碧莎攤開手稿,很快就被文章內容吸引住了。小說情節非常精采,但結構上略顯粗糙,顯然在創作過程中作者有些操之過急。姐碧莎意識到,這個作品或許是個不錯的機會,於是極力勸說丈夫潤色一下,再拿到出版社試試,丈夫勉強同意了。他根據妻子的意見修改了手稿,並將它寄給了全美最權威的雙日出版公司。

事實上,丈夫對這篇曾四處碰壁的作品並不抱什麼希望,他寫作的靈感與熱情已在一次次退稿中消失殆盡了。把書稿寄出後,他立刻馬不停蹄地開始四處打零工補貼家用,為了能提高家人的生活品質,他不得不接受那些自己並不喜歡的工作。

第五章
為人處世，要圓融通達，該堅持的堅持，該捨棄的捨棄

但現實總是非常殘酷，由於妲碧莎要照顧年幼的孩子無法工作，這個四口之家巨大的開銷很快便令家庭財政捉襟見肘，不得已，妲碧莎和丈夫採取了一系列措施，包括賣掉寫作用的書桌，處理剩餘的稿紙，取消電話的撥出功能只保留不收取費用的接聽功能等。

生活在艱難中繼續著。一個月後的一天，家中的電話突然響了起來，丈夫無奈地拿起話筒，心中思忖著該如何搪塞那個三番五次催討水電費用的工作人員，出乎意料的是，一個低沉的男聲響起了：「你好，我是雙日出版公司，您的作品我們已經決定出版，我們的預付訂金是 2,500 美元，如果您同意，我想我們可以坐下來談一談。」

丈夫放下電話，仍然激動得無法相信這一切，在幾乎山窮水盡之時，文學之門終於向他開啟了，而 2,500 美元的鉅款也足以幫助家庭度過難關。

這本書的名字叫做《魔女嘉莉》(Carrie)，作者就是鼎鼎大名的現代恐怖小說大師史蒂芬·金 (Stephen King)，後來該書的平裝書版權賣出了 40 萬美元，史蒂芬·金拿到了一半，這相當於他教書 31 年的收入。這份從垃圾堆中撿出的手稿讓他一舉成名，史蒂芬·金從此辭掉中學教師的工作，成了職業作家。時至今日，他已成為世界上讀者最多、聲名最大的美國小說家之一。他的每一部作品，都成為好萊塢製片商的

搶手貨，他也成為全世界作家中首屈一指的億萬富翁。

試想一下，如果這份淹沒在菸灰與紙屑中的書稿沒有被坦碧莎撿出來，史蒂芬‧金或許早已放棄了寫作，只能成為一名庸碌的小教員。

事實上，任何領域內的成功人士都曾遇到過類似的情形，大量的心血付出沒有獲得回報，努力的成果被扔進了垃圾堆，同時被扔掉的，還有一顆執著追求的上進之心。因此，如果你渴望成功，就請善待那些垃圾，並認清它真正的價值所在。

第五章
為人處世,要圓融通達,該堅持的堅持,該捨棄的捨棄

天使帶我回人間

2004 年,28 歲的他走到了人生的十字路口,一方面,他的電影事業蒸蒸日上,在好萊塢,這位來自愛爾蘭的英俊年輕人被稱為「布萊德・彼特」接班人,片約不斷,片酬一路飆漲;而在不為人知的另一面,他卻在肆意放縱著自己的慾望,酗酒、吸毒,種種惡習侵襲著他的身體,讓他處在了崩潰的邊緣。

終於有一天,不堪重負的他住進了醫院,緊接著,無處不在的狗仔隊挖出了關於他的無數負面新聞。

面對大眾,他沮喪地說:「我似乎得到了我想得到的成功,但說實話,正是它們讓我變得不再努力,現在的我,面前只有一條路,就是墮落。」

好萊塢是個現實的地方,他的自甘墮落很快讓製片方撤去了大量片約,他的影迷也在大量流失,所有人都認為他將很快滑入深不見底的地獄,用一種令人厭惡的方式離開大眾的視線。

就在地獄向他展開懷抱的時候,2004 年 9 月,他的兒子詹姆斯誕生了。詹姆斯是他和模特女友金・波德納芙的愛情

結晶，但是，波德納芙在將詹姆斯交給他之後，便毅然地選擇了離開。

他看著襁褓中的詹姆斯，混濁的雙眼第一次重現了光彩。小小的詹姆斯英俊可愛，臉上總是掛著微笑，這個可愛的小天使為他黑暗的人生重新帶來了光明。出院後，為了履行剩餘的片約，也為了讓兒子過上更好的生活，他不得不將詹姆斯交給姐姐照料。在繁忙的工作空檔，他總要抽出時間去看看兒子，每一次，詹姆斯臉上都會洋溢著甜甜的微笑。

他的事業重現曙光，在 2006 年，他接拍了重磅大片《邁阿密風雲》。為了演好這部經典電影，他夜以繼日地工作，卻總是達不到劇組的要求，他和導演及其他演員之間的矛盾不斷激化，終於有一天，精神與體力的巨大壓力讓他再度觸碰了酒精和毒品，《邁阿密風雲》殺青後，他也重新住進了醫院。

這一次，他似乎對於自己的墮落已經無能為力，甚至有了自殺的念頭，他準備打電話告訴姐姐，希望她能一直撫養詹姆斯。就在這時，一個晴天霹靂般的消息傳來了，姐姐告訴他，詹姆斯被確診患上了一種極其罕見的病 —— 安格曼症候群。

他了解到，安格曼症候群是一種基因缺陷造成的疾病，因為患者臉上總是掛著笑容而得名，患者缺乏語言能力，行動能力差，智力低下，目前全球大約有患者 1.5 萬人。剎那

第五章
為人處世，要圓融通達，該堅持的堅持，該捨棄的捨棄

間，他明白了為什麼詹姆斯的臉上總是掛著甜甜的笑容，為什麼詹姆斯兩歲了還不會走路，不會說話，一種深深的自責與內疚感湧上了他的心頭。

他開始積極配合醫生進行治療，並以極大的毅力成功戒掉了酒精和毒品。出院後，他立即把詹姆斯接到了自己身邊，看到兒子臉上甜甜的笑容，這位銀幕上的錚錚鐵漢、生活中的放蕩浪子終於禁不住掉下淚來。

他為詹姆斯找了最好的醫院，令他欣慰的是，詹姆斯非常積極地配合治療，並在四歲時學會了行走。他含著熱淚說：「詹姆斯是個堅強的年輕人，他非常配合治療。自從得知他的病情後，家人的眼淚就沒有乾過。我們都希望他能健康地回到家裡，我相信他一定能夠做到。」

為了照顧孩子，他放棄了很多要長時間遠赴各地拍攝的電影角色，只為能多點時間陪伴兒子。同時，他堅定地認為詹姆斯不是殘疾，只是有特別的需求。他公開兒子患病的事實，就是不希望其他人覺得他為兒子感到羞愧，恰恰相反，兒子是他的驕傲。

他就是好萊塢巨星科林·法洛（Colin Farrell），曾經的好萊塢「壞小子」。在法洛悉心的照顧下，如今，已經十歲的詹姆斯快樂地成長著，克服了種種困難，學會了走路和簡單的語言。

面對媒體，科林‧法洛動情地說：「說實話，當時，我已覺得了無生趣，是詹姆斯給了我生活的勇氣，他就是我的天使，帶我從地獄重返人間，讓我找到了生活的動力。現在，我要好好地活下去，好好地工作，看著我的兒子長大成人，成為他的朋友，當好他的父親，盡可能地多陪他玩耍。他就是我生命的重心，是我生命的全部！」

第五章
為人處世，要圓融通達，該堅持的堅持，該捨棄的捨棄

請你帶孩子來上班

近日，有一項數據統計顯示，造成上班族精神焦慮的十大原因中，未成年子女問題已經升至第二位，超過了日益增快的工作節奏帶來的壓力，僅次於失業帶來的壓力。

許多上班族由於工作忙無暇照顧孩子，導致與孩子溝通不暢，造成孩子與父母之間的對立和矛盾，從而影響家庭和諧。公司管理層也意識到了這個問題，但從公司利益出發，為了能更好地進行工作，大多數公司最終還是硬下心腸要求員工自行解決這個問題。

但是有一家國際知名的大公司卻做了一件史無前例的事，那就是——今天公司請你帶孩子來上班。

2010年8月13日，這家位於北京的分公司，辦公室裡熱鬧非凡，與平常繁忙壓抑的氣氛不同，今天辦公室裡充滿了歡聲笑語，因為公司迎來了一群特殊的訪客，60多個小朋友跟隨自己的父母或親人一起來到了公司辦公室，體驗了他們暑假裡最難忘的一天。

在快樂的一天中，孩子們學習了解了簡單易懂並且有趣的3C產品，公司大廚更是替孩子們上了一堂精采的「烹飪

課」,孩子們親自動手,興味盎然地跟著大廚學習烹飪各種點心,並與親人們一起分享了成果。同時,極富童趣的「Doodle 繪畫」也吸引了眾多孩子的興趣,孩子們爭先恐後地學習塗鴉並向大家展示自己的作品。

而隨後進行的「跟大人一起開會」、「收集叔叔阿姨簽名」等活動,更是鍛鍊了孩子們的溝通能力,讓他們更加了解家長們的工作。下午,公司的全球副總裁主持了一個特殊的工作會議,會議現場出現了三個小朋友的身影,他們正襟危坐擔當了公司的特邀嘉賓,副總裁結合會議主題和孩子們進行了親切交談,並耐心聽取了小嘉賓們對於公司發展的意見,讓小嘉賓們真正地做了一次「公司員工」。

臨近下班的時候,幾乎每個小朋友都是戀戀不捨地離開了公司,跟隨父母工作的短短一天的經歷,使他們對父母的工作有了具體的了解,同時也對父母忙於工作而缺少與自己交流表示了充分的理解。

而孩子們的歡聲笑語落在了家長眼中,每一個家長在高興之餘,也充滿了對公司的感激之情。在市場競爭異常激烈的現狀下,公司能抽出寶貴的工作時間讓員工與孩子們一同快樂度過,除了體現出公司對每一名員工的尊重之外,還體現出了公司一直倡導的企業文化,那就是「尊重員工,快樂工作」。滴水之恩當湧泉相報,在這樣有人情味的公司裡工

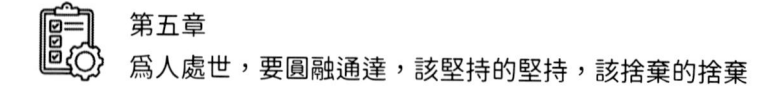

第五章
為人處世，要圓融通達，該堅持的堅持，該捨棄的捨棄

作，每一名員工都暗暗下了決心，一定要好好工作，為公司貢獻出自己所有的力量。這家公司就是世界著名的網路公司Google。

這項源自Google全球的「帶孩子上班日」是第一次在Google北京辦公室舉行，旨在為員工營造良好的工作環境，藉助輕鬆的企業文化創造出絕妙而富有創意的產品。作為連續三屆榮膺中國最佳僱主的公司，Google一直相信員工是公司成功的重要因素，推崇愉悅的工作環境，讓員工的靈感隨時被激發，激勵員工去創造出超越自己的輝煌。

每面牆上都有一扇窗

高中畢業後,我沒有考上大學,家中也沒有錢讓我重考,所以我不得不外出打工。一個人來到一個陌生的城市,四處打零工,性格內向的我四處碰壁,經常一個人偷偷哭泣。

我最後一個打工的地方是一處建築工地,身材瘦小的我只能幫忙做做飯,晚上就住在工地看管建築材料。當時跟我一起看材料的是一個被稱作老王的人,他四十多歲,離家在外打工已經快二十年了,仍然孤身一人,我從他身上彷彿看到了自己的未來。

讓我奇怪的是,老王非常樂觀,他總是咧著嘴不停地笑,有時候,工友們打趣叫他「老光棍」,他也不以為然。每天晚上,他都要拉上我一起喝點小酒,喝多了還喜歡唱兩句。

看到我總是愁眉苦臉默不作聲,老王總是想辦法逗我笑,可我卻始終不為所動。每天夜裡,聽著老王如雷的鼾聲,透過那扇狹小的窗看著外面清冷的星空,我就會悲從中來,忍不住低聲啜泣起來。

第五章
爲人處世，要圓融通達，該堅持的堅持，該捨棄的捨棄

就這樣，我在這個工地上做了一個月後，終於決定離開這裡，去找新的工地打工，我覺得自己始終適應不了這個地方。這天晚上，我把自己的決定告訴了老王，並且一股腦地把自己的苦惱告訴了他，我告訴他我喜歡讀書，但是差幾分沒考上大學，家裡窮沒有錢讓我重考，我才不得不出來打工，我心裡不甘心，但是感覺自己被四面硬硬的牆堵住了，根本就無路可走，只能過一天是一天，我不知道未來會怎麼樣，也不知道自己該怎麼辦。

聽了我的話，老王沉默了下來，過了很久，他才對我說了一個驚人的祕密，原來，他並不是外地人，而是在這個城市長大的。他原來有一個美好的家，但因為自己沉迷賭博，丟掉了工作，妻子也離開了他，後來因犯罪入獄服了兩年刑，出獄後發現自己已經一無所有了。他也自暴自棄過，這時候是母親接納了他，當時他的父親已經被他氣得去世了，但母親沒有責怪他，母親把他帶回了家，什麼也沒和他說，只是每天為他做好飯默默地照顧他。過了一段時間，他勇敢地走出了家門，開始了打工生涯。最後，他告訴我，他的母親已經去世五年了，但是，他會好好地活著，因為他知道，人生的挫折是無法避免的，但面對挫折的態度是可以改變的，生活是無罪的，當你意識到可以笑對挫折時，就會發現每面厚厚的牆上其實都有一扇窗。

他指著那扇小小的窗對我說:「你看我們的牆時,只看到了它的堅硬,卻沒有注意到它還有一扇窗。清晨有陽光,午夜有月光,只要我們的心上有這樣一扇窗,再多的牆也阻擋不了我們的希望。」

那一晚,我沒有再喝酒,第二天我沒有離開工地,而是一邊打工一邊學習,自學了大學課程。現在,我有了一份體面的工作,而且常常會去找老王一起喝酒。每一次,我看到那座簡陋小屋中的小窗,心中都會生出一絲感動。

第五章
為人處世，要圓融通達，該堅持的堅持，該捨棄的捨棄

放下過多的遠慮

妻子告訴我，兒子在幼稚園的表現不是很好，遊戲的時候不夠專心，老師要提醒好幾回，如果這樣下去，上了國小以後可能就會注意力不集中，影響成績，這樣下去，可能以後會考不上好大學，會找不到好工作，會無法在社會立足……

聽著妻子不停的嘮叨，我趕緊打斷了她，我告訴她，小孩子貪玩是天性，可能是兒子不喜歡幼稚園玩的遊戲，一個簡單的小遊戲不會影響他以後人生的。

聽了我的話，妻子仍然內心忐忑不安，過了一會兒，她又告訴我，她所在的公司可能因為業績下滑要裁員，有人會失業的，雖然她是業務中堅，但也不排除有失業的可能，如果她失業了，家裡只有我一人賺錢，房貸的壓力會變大，兩家老人的身體也不好，孩子馬上要上學，需要錢的地方很多，未來可能會遇到很多困難……

妻子的話讓我十分焦慮，只是看著她無言以對。過了半天，妻子終於不再說話，但眼中的憂鬱卻更濃了。

我想了想，對她說，人無遠慮，必有近憂。她的擔憂有

一定道理,但是,對於未來,我們要做的不是擔憂焦躁,當然也不是盲目樂觀,我們要做的,是保持一顆平常心。

著名作家史鐵生身患多種疾病,但即便是面對已知的痛苦未來,他仍然樂觀地面對,用手中的筆記錄下痛苦,發掘那些痛苦中隱藏的幸福;唐朝著名賢相婁世德,面對外族入侵,形勢危急時不言敗,形勢大好時不冒進,始終對未來有著清醒的認知,戰事結束後,婁世德入朝為相,因行事低調被同朝為相的狄仁傑輕視,但他深知據理力爭也不能解決什麼問題,便一味忍讓,直至女皇武則天告知狄仁傑一直是婁世德在力薦他入朝為相,兩位名相才真正齊心協力,共同營造了盛世;比爾蓋茲輟學創業時無人看好,但他並未沮喪茫然,而是一步一個腳印,按照計畫實現了自己的夢想。

根據科學統計,人類所擔憂的關於未來的不幸事件,95%都不會變成現實,但由此產生的負面情緒卻很大。由於對待未來的態度過於消極,生活的品質會不斷降低,並產生惡性循環,同時,盲目的樂觀同樣也會讓人生品質不斷下降。那些獲得成功與幸福的人告訴我們,其實對於未來,始終保持一顆平常心,按照自己的步調一路前行,自然就能一路平坦,採摘到飽滿的人生果實。

第五章
為人處世，要圓融通達，該堅持的堅持，該捨棄的捨棄

追上那個走得慢的人

最近，股市火爆，身邊很多人心急火燎地買股，每天盯著電腦，分析趨勢，計算成本，追加投資，忙得不亦樂乎。可突然有一天，股市掉頭而下，許多人看著自己從大賺到賠，再到鉅虧，一腔豪情轉瞬成空，不少人發誓再也不碰股票了。

這一天，大家聚集在交易大廳，唉聲嘆氣，後悔沒有在盈利的時候及時賣出股票。突然，有一個人說：「當時王老頭讓我見好就收，可惜我太貪心了，我聽說，我們這個交易廳裡，就屬王老頭賺得最多了。」

王老頭大家都認識，做什麼都比別人慢半拍，每天他只在股市開盤和收盤前十多分鐘才走入交易大廳，先掃上幾眼手中的幾隻股票，再掛個買單或是賣單，然後就背著手哼著歌走了。

大家正議論著，王老頭走進了交易大廳，他和大家打了個招呼後，竟然走入了貴賓室，看得大家目瞪口呆。

莫非王老頭又投加了資金？還是他盈利巨大？竟然從散戶大廳轉入了貴賓室。

昔日人流洶湧的交易大廳如今早已人丁零落，對王老頭的疑惑讓大家變得鴉雀無聲，大家都在想，王老頭這個慢得有點木訥的人怎麼就在講究效率速度的股市裡如魚得水呢？

過了一會兒，王老頭走出了貴賓室，大家呼啦一下圍住了他，七嘴八舌地把心裡的問題拋了出來。

「王老頭，啊不，王大爺，您現在成了大戶了，是在股市裡賺錢了嗎？還是又往股市投錢了？現在行情這麼差，風險不大嗎？」

王老頭笑了笑，說：「我總共就投了二十萬，不過我可是買股票買了十多年了，進貴賓室的錢都是在股市裡賺的。」

王老頭的話讓大家心裡的疑問更多了，大家紛紛詢問他的炒股祕訣，態度都變得畢恭畢敬。

王老頭沒有回答大家的問題，而是問了大家一個問題：「大家覺得，操作股票的祕訣是什麼？」

「當然是穩準狠了。」

王老頭哈哈大笑，說：「說得沒錯，就是穩準狠，但我只看到各位『狠』了，沒有看到穩和準啊！」

聽了王老頭的話，大家靜下心來，認真思考了一下，竟然覺得王老頭說得很對，因為大家逐利的思想太重了，心態不穩，所謂的「準」其實更多的是一種盲從，而「狠」則更像

第五章
為人處世，要圓融通達，該堅持的堅持，該捨棄的捨棄

是一個笑話。

王老頭說：「操作股票和下棋一樣，走得慢不一定會落後，走得快也許反而會掉進陷阱。我們的目的雖然是賺錢，但首先要做到不貪心，其次還要能堅持，最後就是要學會賣。大家聊天時都是說要買這買那，卻沒有幾個說何時要賣的，這要有計畫才行，這可是我在無數失敗中總結出的經驗啊！」

說完這些話，趁大家還在回味的時候，王老頭悄悄地走了，等大家察覺，卻發現已經「追」不上這個走得很慢的老人了。

其實，追上那些跑得快的人並不難，難的是追上這些走得「慢」的人，因為，走得慢的人的思想已經跑在了最前面，我們只是關注前後左右，專注於簡單的奔跑，卻忘了那些占據思想高地的人才是我們一直仰望的存在。他們不需奔跑，因為他們站得高看得遠。對於每個人來說，在勤於修身之餘，必須要精於修心，只有這樣才能讓自己得到持續的提升，才能追上那些走得慢卻站得高的人。

追逐白雲的人

　　如果不是因為那一場雨，他不會成為一個追逐「白雲」的人。那場雨開始下的時候，他正在一個小山坡上發呆。就在不久前，心愛的女孩離開了他，他心情沮喪，便一個人來到冷清孤寂的後山，找到了這片綠草茵茵的小山坡。從午後到黃昏，一直到夜幕悄悄降臨，他都孤獨地坐在小山坡上，似乎是想讓時光把自己凝固成一座石像。

　　因為久久沒有抬頭，他沒有發現天空中墨黑的烏雲正在驅趕純潔的白雲，直到一陣涼風驟然而至，將他單薄的身體吹得瑟瑟發抖，他才發現，原來，暮色籠罩不僅是因為黃昏已近，更是因為山雨欲來。

　　他沒有帶任何雨具，周圍更是沒有一個可供避雨的場所。他看了看遠處有幾棵枝繁葉茂的大樹，又側耳聽到了天空中隱隱傳來的沉悶雷聲，終於還是打消了到樹下避雨的危險念頭。

　　此時，風勢已經越來越大，因為山勢的複雜多變，風向也變得搖擺不定，小山坡上的青草被吹得東倒西歪。他望著如墨汁般漆黑的天空，感到了一種深深的無助。他不知道該

第五章
爲人處世，要圓融通達，該堅持的堅持，該捨棄的捨棄

朝哪一個方向走，才能避開這場不期而至的風雨。

突然，他想起出門之前，母親對他說的話。

當時還是晴朗的午後，母親看著沮喪落寞的他，眼中掩不住沉重的憂慮，她輕聲對他說：「如果要上山，記住帶雨具，山上的雨說來就來，如果雨下大了，記著別往樹下跑，打雷很危險的，如果認不出路，就記住要逆著風走，山上的雨就是一陣子，風小了雨也就停了。」

想起母親的話，他半信半疑，但還是迅速確定了風的走向，然後逆風而上。令他驚奇的是，伴隨著他的奔跑，他分明聽到了身後劈里啪啦的雨聲，可落在他身上的雨滴卻屈指可數，只是稍微打溼了外衣。又跑了一段時間，他甚至出了一身汗，這時，風勢似乎小了許多，他抬頭看天，竟然發現天空中飄蕩著幾朵靜謐的白雲，此時，夕陽仍未完全落下山頭，淺淺的光映照在他的身上，讓疲憊的他感到了一絲溫暖。

他回頭望去，發現天空中翻滾的烏雲已變得越來越遠了。他突然明白，原來狂風一直在裹挾著烏雲前行，那些順從風勢而動的人，因為與風雨同向而行，便承受了更多的風雨，變得狼狽不堪。在那些人眼裡，風雨變得十分漫長似乎永遠不會停歇，只有那些逆風而行勇敢面對的人，才能迅速逃離風雨的侵襲，才能認清風雨的本質只是一陣突如其來的邂逅而已。

他又想起母親曾說過的話，母親說：「風過了雨停了，你就會看到，天空中總會有一些美麗的白雲，它們沒有被風裹挾而去，是因為這些白雲高高在上最接近天空，它們一動不動卻又堅不可摧，它們比烏雲更強大，風根本吹不到這麼高的地方，只有那些低處的白雲才會被風驅使碰撞變成墨黑的烏雲。」

　　回味著母親的話，他突然明白了，原來，要想避開風雨，除了選擇逆風而行，還有更好的方法，那就是追逐那些更高的白雲，並把自己化作一朵靜謐的白雲。某種意義上來說，那些狂風雷電與生活中的挫折並無二致，只有將心靈昇華到白雲的高度，那些所謂的情感挫折與事業逆境才會變得弱小，其實它們並非不可戰勝，但前提是自己要足夠強大。下山的時候，他的沮喪已經一掃而光，他告訴母親，自己要做一個追逐白雲的人，用一生去追逐那些在高處俯瞰眾生自由飄移的白雲。

　　在以後的日子中，每當他遇到艱難險阻時，他就會告訴自己，只要朝逆風的方向勇敢奔跑，就一定能追趕上那些高遠處的潔白雲朵，而那些擋路的風雨不過是這場美麗旅程中一些小小的考驗而已。

第五章
為人處世，要圓融通達，該堅持的堅持，該捨棄的捨棄

「騙出來」的麵包王子

1951 年，他出生於臺灣眷村，家境貧寒食不果腹的日子讓他無比嚮往能每天有麵包吃的生活。13 歲那年，為了能吃到夢寐以求的麵包，他開始在麵包房當學徒，但是他很快發現，雖然每天要與無數麵包為伍，他卻仍然吃不到一塊麵包。每天起早貪黑只能賺到 50 元臺幣，除了留下 2 元用來剪髮，其他要全部上繳給父親，全家八口人的開銷都要由他和父親負擔。

由於能吃苦又愛動腦，他的麵包越做越好，漸漸在臺北一帶有了名氣。16 歲那年，一個偶然的機會，他成為蔣經國府邸的糕點師傅。有了好的環境，他更加努力。在 17 歲那年，命運眷顧了這個比別人加倍勤奮的年輕人。

由於表現出色，他進入了美軍顧問團工作，時任美國總統的尼克森在臺灣，吃到他做的蛋糕後連聲誇獎，他被連升兩級，在業界一舉成名。兩年後，臺灣首家希爾頓飯店開業徵才，他藉此邁進了五星級飯店的大門，也遇到了人生中最重要的兩位恩師。其中一位是來自瑞士的西餅大師，曾為法國前總統戴高樂服務。他激動之餘萬分焦急，小學畢業的

「騙出來」的麵包王子

他連最簡單的雞蛋、糖等單字都聽不懂,根本無法和大師交流,最後,他想到了一個竅門:把所有原材料的中文寫下來,向飯店服務生逐一請教英文讀音,並將每個單字的讀音和單字開頭的幾個字母死記硬背下來。

過了語言關,他迅速成為義大利人和瑞士人的首席愛徒。兩位嗜酒的大師都因為輕微的酒精中毒而導致雙手發抖無法親自操作,於是他成了他們的左右手,跟隨兩位大師在亞洲多個國家的希爾頓飯店「巡迴演出」。這段寶貴的經歷,不僅幫助他奪得「臺灣金廚獎」點心組冠軍,並讓他有機會為柴契爾、薩馬蘭奇、柯林頓等首腦及名人服務,從此他在烘焙界平步青雲。

1997年亞洲金融風暴後,他感到這是一次餐飲業的重新洗牌。不久,一家名為「新糖主義」的西點麵包店出現在臺灣街頭,琳瑯滿目讓人看花眼的蛋糕和麵包吸引了絡繹不絕的顧客。四五年後,「新糖主義」連鎖店在臺灣達到了幾十家分店的規模,每月的營業額高達幾百萬。

他就是姜台賓。

然而,一直厚待他的老天卻在他最得意的時候狠狠地給了他一大巴掌。

2000年,49歲的姜台賓第一次到上海。經過考察,他決定投資開一家複合式餐廳。沒想到在裝修了7個月之後,他

第五章
為人處世,要圓融通達,該堅持的堅持,該捨棄的捨棄

才突然發現餐廳的地點是個臨時建築,砸下去的200萬全部打了水漂。2003年,姜台賓受新加坡一家企業的邀請,前往北京幫其開連鎖麵包店。他將臺灣所有店鋪交給胞妹打理,隻身前往北京工作。某日卻突然接到銀行電話,稱其三位胞妹捲走了約1億元新臺幣的資產並跑到了美國!這一消息瞬間被媒體傳開,成為轟動海峽兩岸的「家族政變」,結婚多年的妻子此時也提出要離婚。

「當時真的嘗到了從人生最巔峰突然跌落到最低潮的滋味,尤其是心態上接受不了——從老闆身分一夜間回到打工者的位置。」他想起從前的事情仍然耿耿於懷。

可是,他還是選擇了原諒背叛自己的親人,並且很快走出了陰影。「本來我就什麼都沒有,全靠白手起家,回到原來起點也不算很糟糕。何況我還有技術,重來好了。」

儘管他很快平復心情,從臺灣到北京埋頭工作,但命運卻再次開了個玩笑。雙方的合作由於新加坡方面未能履行合約義務而導致破裂。隨後,姜台賓一直輾轉在北京、上海兩地,分別在多家企業就職,然而心中的創業熱情卻從未熄滅。

2010年7月,他終於遇上了他心目中的「夢幻組合」,並選擇將廣州作為在大陸的第三次創業的搖籃。

今天,他在天河北的麵包屋開張了。姜台賓長長地吐了

口氣。「我最怕接受採訪了,尤其電視臺錄影時亮堂堂的燈光。」眼前的「麵包王子」表現出與年過半百不符的孩童般的率真,興奮起來手舞足蹈地說:「你可是第一個採訪我的大陸記者哦!」

之前一直想不通,這位號稱「開店從未失敗過」的臺灣商人必定精明,怎麼會被騙了好幾次?聊了才發現,他根本不像商人,或者說不是典型的臺灣商人。難怪張學良晚年能與他結成忘年之交,並直呼他「小山東」。

私下聊天時偷偷問「麵包王子」:您被騙了這麼多次,有沒有總結出什麼看人的心得?他樂得嘴巴一咧:「沒!其實人生裡不管遇到多少壞人,只要能遇上一個好人,就算成功了!」

第五章
為人處世，要圓融通達，該堅持的堅持，該捨棄的捨棄

最囧的精明

同事老王在辦公室待了十五年，是資歷最老的職員，業務上輕車熟路，見誰都是一臉笑容，而且帶出了三個主任、兩個副主任。按說他這樣老資格的職員也早該升職了，但事實卻並非如此，老王十五年來一直在職位上原地不動。其實老王人緣不錯，業務純熟，為什麼歷任上級都不替他升職呢？

老王自己也是百思不得其解，但他是個心思縝密的人，擔心這樣的事直接找上級會造成負面影響，於是便採取了迂迴戰術，試圖透過其他人了解上級的想法。有時候朋友聚會時，他就會裝作漫不經心的打聽一些關於上級的事，開主管會議時，他甚至去向端茶倒水的接待人員諮詢，然後從得到的隻言片語中分析原因，久而久之，他真的得到了一些消息，但這些資訊卻沒什麼用處，無一不是說他老王心思縝密精打細算、人緣好業務精之類的好話。

這一天，老王找到了我，我是公司裡為數不多和他關係密切的人，因為我父親和老王是老同袍，兩家關係一直很好。老王對我說出了心中的鬱悶，看著他唉聲嘆氣的樣子，

我略一思索,再結合有時和同事們聊天時對老王的評價,頓時明白了其中原因。

原來,老王錯就錯在過於精明了。職場不同於普通的關係網,謀劃過多容易讓人產生錯覺,會讓人覺得這人別有目的,如果過多牽扯上工作之外的事情,更會讓人產生反感。像老王這樣,話不說在明處,處處旁敲側擊,唯恐引人多想,一回兩回還行,時間久了,就會產生相反的效果。

聽了我的分析,老王半信半疑。我就舉了個例子,比如他打聽消息這件事,試想,一些端茶倒水的接待人員會特地留意上級對某個職員的評價嗎?偶爾聽得一兩句,也多半是模稜兩可的話,但如果這事傳到上級耳朵裡,主管就會不可避免地多想了,為什麼老王要打聽這件事呢?為什麼一見面就又跟沒事人一樣呢?本來沒什麼事,結果就變成有事了。還有,老王平時在單位說一句話都要思考半天,做一件事就更別提多煩瑣了,各方面都要考慮,結果是讓人不勝其煩,把一件簡單的事搞得無比複雜,所以大家對他的評價就是:是個好人,但是想得太多了,讓人捉摸不透;當職員行,當主管不行!

老王終於明白了其中原因,他訕訕地說:「這不都是些小事嗎?這麼多年了,也沒人因為這個怪過我。」我對他說,其實職場環境中有謀劃並沒有錯,但如果謀劃過細想得過多

第五章
為人處世,要圓融通達,該堅持的堅持,該捨棄的捨棄

反而會成為升職路上的絆腳石。其實,這也是領導能力的一種體現。試想一個人總是精打細算事無鉅細,會不會搞得本末倒置,不知工作重點在哪裡呢?每次上級考察他時,自然就是這一條不合格了。

走不出陰影就看不到光

一位朋友常常感嘆命運不公，為何別人的世界總是陽光燦爛，自己卻總要承受那揮之不去的陰影？你看某某，每天衣著光鮮，笑容灑脫，家中妻賢子孝，公司裡順水順風，沒有一點憂愁事，可是我日日奔忙卻總是不能順心，回到家老婆抱怨，到公司上級不滿，處處不順卻又無處藏身，總有那麼一大塊陰影罩在身上，苦不堪言。

聽慣了他的抱怨，我漸漸產生了一個感覺，照他這麼說，那個某某一定是個高富帥了？而他自己則毫無疑問是個矮醜窮。可我仔細打量這位朋友，卻發現，他無論從哪個方面來看都絕對算不上矮醜窮。他畢業於明星大學，身高一百八，白白淨淨斯斯文文，也是位科級主管，月薪不高不低且很穩定，老婆也是公家機關職員，有一個七歲的健康聰明的兒子。這應當是一個令人羨慕的生活狀態，那麼，他為什麼一定要說自己頭頂總有塊陰影籠罩呢？難道是因為與那個某某總是較勁嗎？

我決定去見見他口中說的那個某某。這一天，我和朋友一起到了那個「總在陽光下」的某某的公司裡，令我驚訝的

第五章
為人處世，要圓融通達，該堅持的堅持，該捨棄的捨棄

是，這位在朋友口中宛若上帝寵兒的人竟然只是一家快遞公司的快遞員。但是，這位快遞員與朋友之間確實有著極大的不同。這位長相普通的中年人穿著筆挺的制服，臉上掛著燦爛的笑容，走起路來虎虎生風，見到任何人都高興地打一個招呼，看到他，真的感覺好像有一抹陽光掛在他的身上。

我和這位快遞員談了幾句，我告訴他，我的這位朋友非常嫉妒他，快遞員驚訝地張大了嘴，聽了我的解釋後，他爽朗地大笑起來，告訴我，他每天要為許多客戶送快遞，發現了一個奇怪的現象，越是那些住高級社區或是在高級大樓工作的客戶越是愁眉苦臉，每次見到這樣的人，他都感覺那些人像是躲在陰影裡一樣，所以，他總是努力把自己陽光的一面展示給他們，希望能讓他們過得輕鬆一些。而我的朋友，就是其中的一個。

聽了他的話，我身邊的朋友紅了臉。他握著快遞員的手說要請他吃飯，可快遞員卻笑著回絕了他。他告訴我的朋友，他的妻子還等著他回家吃飯，他的兒子還等著他回家講故事，他今天必須要送完這近百個快遞，因為那筆昂貴的房租還要盡快繳清，鄉下生病的母親還等著他寄去買藥的錢。

說完之後，快遞員騎上擦得鋥亮的電動車絕塵而去。雖然看不到他的臉，但我想他一定是面帶微笑信心滿滿，因為他心中有愛與牽掛。我轉頭看了看身邊的朋友，發現他一直

愁容不展的臉上竟然也透出了絲絲笑意,看來,他身上那團揮之不去的陰影正在被一股正能量驅趕走。

其實,每個人的人生際遇都各不相同,人的一生總有「光」與「陰影」,一個人走不出「陰影」就會看不到「光」。我們可以用心中滋生的一股力量來驅走陰影,那就是愛與責任的力量。

第五章
為人處世,要圓融通達,該堅持的堅持,該捨棄的捨棄

第六章
換種方式去堅持,
往往會事半功倍

　　換一種方式,也許會有新的發現,橫看成嶺側成峰,遠近高低各不同。

　　不同角度去看問題,會為我們帶來新的思考,在堅持這件事上,換種方式去對待,往往會帶來意想不到的收穫。

第六章
換種方式去堅持，往往會事半功倍

把醫院變成童話城堡

對於每個孩子來說，醫院都是噩夢一般的存在。呆板冰冷的白色牆壁，刺鼻難聞的藥水味道，表情嚴肅不苟言笑的醫生護士，再加上那些味道怪怪的藥片和疼痛難忍的針⋯⋯一個個孩子往往還沒到醫院，就已經嚇得大哭起來，這無疑很不利於治療。而如何讓生病的孩子順利進入醫院也是令每位父母最為頭痛的事情。

但在法國巴黎的郊區，卻有這樣一家兒童醫院，不但患病兒童從不抗拒入院，甚至一些健康兒童也喜歡到醫院裡去玩。醫院的祕訣就是「賣萌」，這一點從它的名字就可以看得出來──長頸鹿兒童醫院。

遠遠望去，你根本不會想到這居然是一家醫院。白色波紋狀的牆壁充滿想像，一隻悠閒的長頸鹿「破牆而出」，正伸長脖子試圖從旁邊的樹上吃樹葉，一頭白色北極熊邁動笨重的雙腳，正在試圖攀上臺階，而一群笨拙的七星瓢蟲正爭先恐後地爬上外牆，企圖翻進院子裡⋯⋯生機盎然的動物形象讓整個建築變得生機勃勃。這哪裡還像一家醫院，簡直是一個童話城堡，吸引著所有孩子的目光。

在這家醫院誕生之前,這裡的父母們最頭痛的就是帶孩子去醫院,正是因為發現這一點,市政府才請來了當地著名的建築事務所設計了這所夢幻一般的兒童醫院。負責此專案的事務所經理維吉尼亞・達佛斯說,設計所裡很多人都有至少一個孩子,深受子女就醫之苦,所以蓋這樣一家醫院也是為了自己。

在設計之初,團隊就明確了最重要的一點,那就是這所建築要具有把孩子哄進來的能力,只要能讓孩子們在不知不覺中度過治療過程,設計就算是成功的。秉承著這一設計理念,第一個被確定下來的方案是一隻高高的長頸鹿。從孩子的視角看來,它不但高大,而且溫和,萌態十足,十分符合孩子的心理需求。這頭彷彿卡在房子裡的長頸鹿建造在醫院門廳的位置,下面還有四條長長的鹿腿和一小塊露出來的肚皮,孩子們每次前來,都會從四條鹿腿間經過,這也是他們和這個大個子「親密接觸」的好機會。

事實上,長頸鹿正是設計的精髓所在。它是周邊建築中第二高的,僅次於著名的「地平線」塔,當孩子們從遠處看到長頸鹿時,他們會想:還好我只是感冒了,如果像長頸鹿先生一樣卡在那裡,哪裡都去不了,一定難受死了。

當然,在走近之後,會有更多的驚喜等著孩子們,其中包括一頭北極熊和一群七星瓢蟲。北極熊雙腳直立,用雙手

第六章
換種方式去堅持，往往會事半功倍

扒著二樓的防護網，而瓢蟲們正成群結隊從外牆向裡爬去。正是因為這些別緻的設計，這家醫院出現了傳統醫院中根本不會見到的景象，那些生病的孩子們歡呼雀躍著，睜著好奇的眼睛觀察著周圍的一切，彷彿不是來看病，而是來遊玩的。

當然，設計師們不會只顧吸引孩子，更會顧及安全，同時還為童話留出了更多的想像空間。他們盡量避免孩子和動物塑像的零距離接觸，以避免孩子受傷或動物塑像受損：長頸鹿的腿和背孩子們可以摸到，但腦袋卻高聳入雲，讓孩子們只能仰望；北極熊周圍用護欄圍起，二樓也只扒到了護網，而不是護欄，避免了孩子的不良模仿；小瓢蟲們則離得遠遠的，彷彿隨時要爬過牆頭消失在另一邊，讓孩子們只能遠遠觀望。

在這樣一個奇妙的世界裡，縱然一牆之隔就是人聲鼎沸的繁華街道，孩子們一樣會玩得樂不思蜀，而在這個充滿故事的空間裡，孩子們也可以堅強地面對治療了，因為他們從那個被卡在牆中間仍然去啃食樹葉的長頸鹿那裡得到了鼓勵，從那個笨拙卻仍然奮力爬上二樓的北極熊那裡學會了堅持，從那些弱小卻鍥而不捨前進的瓢蟲那裡獲取了勇氣。

有這樣一群動物和孩子們「互動」，整個醫院煥發出了一種蓬勃的生命力，這也讓身為成年人的醫生、護士們可以更

自然地開展工作,而整個治療過程就在這種輕鬆愉悅的氛圍中完成了。

　　一家喜歡「賣萌」的兒童醫院,一座喜歡講故事的「童話城堡」,我想,這裡醫治的不僅是孩子們身體上的疾病,更為他們的心靈傳遞了正能量,而這體現出的,其實是整個社會的人文關懷,以及這種關懷的科學合理和細緻入微。

第六章
換種方式去堅持，往往會事半功倍

鯊魚苗吃掉大鯊魚

1993 年，一家小型食品公司在慘淡經營數年之後終於開始了艱難的體制改革，但是，行業內部激烈的競爭形勢卻不容樂觀，面對當時在國內食品加工如日中天的大企業，這家小公司顯得弱不禁風。

面對國內食品市場形勢，老闆朱獻福最擔心的不是商品經營問題，而是同行業之間的競爭與打壓，特別是同在當地的大集團。MBA 教科書裡有一句名言：大樹底下不長草，如何在強者的環伺下生長，是公司繞不開的難題。

但事實證明，朱獻福的擔心其實並不存在，因為他遇到了一個雖然強大但並不蠶食同類的對手：一家大企業的老闆萬隆。當時有人建議萬隆「滅掉」在身邊崛起的食品公司，但萬隆說，這個行業太大了，自己一家是做不完的，有精力去打壓對手不如花時間去開拓市場。

每當憶及此事，朱獻福總是充滿著感激之情，他由衷地讚嘆說：「這才是行業領袖的風範。」因此，朱獻福一直尊稱萬隆為「老大哥」，還和萬隆成了忘年之交。

但是，大鯊魚畢竟還是大鯊魚，牠的容忍度是有限的，

當統治空間被擠壓，感受到了鯊魚苗的威脅之後，大鯊魚還是毫不猶豫地開始了領土爭奪戰。1996年初，面對被擠壓的市場占有率，大鯊魚和鯊魚苗打起了激烈的市場爭奪戰，那場戰鬥是從許昌打響的。

眾所周知，行銷網路是現代企業的生命線。肉製品加工企業生產的是普通消費者一日三餐離不了的生活必需品，誰控制了銷售終端，就能使自己的產品和更多的消費者直接見面，其重要性不言而喻。當時朱獻福的公司在業內率先開起自己的專賣店，嘗試把生產和銷售連結起來。第一批專賣店在許昌開業後很自然地引起了業界的注意，一城之隔的大企業聞訊後立即行動起來，據說，當時該企業內部提出了這樣的要求：競爭對手的店開到哪裡，他們的專賣店也要開到哪裡，兩店距離最遠不能超過50公尺！

雖然已是往事，8年之後朱獻福回憶起這件事，感受仍然只有兩個字：慘烈。當時該企業已經全國聞名，並天天在新聞播報後的黃金時段打廣告，而自己的公司改制不過兩年。既然兩家的專賣店開在一起，普通消費者自然要選擇名氣大的那一家。面對實力10倍於己的競爭對手志在必得的態勢，朱獻福鎩羽而歸。

兵法上說：三十六計，走為上策。但是這次朱獻福的「走」不是敗走，而是轉移。在該企業全面撒網、逐步推進的

第六章
換種方式去堅持，往往會事半功倍

時候，他開始另闢蹊徑。

朱獻福的蹊徑來自副總本連科從行銷專家那裡學到的「杯子和盤子」理論：盤子的直徑很大，但它的底很淺，盛不了多少水；而杯子雖然看起來不大，可它的容積要比盤子大多了。因此可以把市場比喻成一個盤子，雖然國家人口很多，但是真正具有購買能力的人相對來說並不多，而大城市和發達地區市場就是杯子，企業要想「喝到水」，用「盤子」不如用「杯子」。

受此啟發，朱獻福把企業的行銷終端定義在看似口很小的「杯子」上，一方面，他堅持不斷提高產品品質，另一方面，他開始派出專業人員，占領「杯子」裡的剩餘空間。這個辦法果然很快就見到了效果。透過產業化經營、區域化布局、專業化發展、標準化管理、國際化運作等一系列措施，提升了區域農產品綜合競爭力，他的公司迅速在全國主要農業區布局農產品加工基地和低溫物流基地，其中一個地區布局了 5 個基地，全部建成投入生產後生豬加工能力占該地區年生豬出產總量的 1/10，成為該地最大的食品速凍加工出口基地。

2006 年 2 月，這家一度步履維艱的小公司在美國成功上市；2007 年 12 月，公司獲選為那斯達克全球精選市場，成為食品行業首家那斯達克上市公司，公司的經營業績得到了

海內外投資人士的廣泛認同。

這家公司就是眾品食業。目前,眾品透過廣設連鎖店來開展郊區市場的方式,已經形成了覆蓋城鄉的市場網絡和低溫物流供應鏈,品牌影響力不斷提升。

可以說,現在的眾品食業已經完全成長為一條同行業內舉足輕重的大鯊魚。面對輝煌,眾品老闆朱獻福坦言,如果當年不是和大企業在資本市場的互動,眾品在那斯達克不會如此成功。因為,大家從大鯊魚身上看到了鯊魚苗的願景和發展空間,所以,每一條初涉大海的鯊魚苗都應當感激那些大鯊魚,因為牠們在追殺你的同時,也教會了你如何生存。

第六章
換種方式去堅持，往往會事半功倍

開拖拉機的總統

2012年6月的一天，烏拉圭首都蒙特維多郊外的一處農場裡，一位精神矍鑠的老人正駕駛著一臺大拖拉機，在一片田地裡忙碌不停，他不時拿起肩頭的毛巾擦去額頭的汗水。在田地的外面，一群身著黑色西裝的人正嚴陣以待。

兩小時過後，一身汗水的老人停下拖拉機，走下駕駛室，來到田地邊上，一個身穿黑色西裝的人迅速上前，為他遞來了一杯熱水，隨後，另一個人打開公事包，取出一疊檔案，老人取過檔案，皺起眉頭看了起來，過了半晌，他示意一個穿黑西裝的人拿過筆來，在檔案上簽下了自己的名字——何塞·穆希卡。

如果你了解烏拉圭這個國家，看到他的名字一定會大吃一驚，因為，何塞·穆希卡正是烏拉圭現任總統。

一個總統竟然還要自己做農事，所有人的第一反應都是作秀，但其實並非如此。事實上，這是穆希卡任職總統外的副業，而且是非常重要的職業，因為他要靠做農事來養活全家老小。

烏拉圭僅有17.6萬平方公里國土，350萬人口，經歷

過長期戰亂的烏拉圭如今貧窮落後,社會問題層出不窮。身為這樣一個國家的總統,穆希卡身上的壓力可想而知。自從2010年3月高票當選總統後,穆希卡幾乎沒有一個休息日,他夜以繼日地為國家的發展與穩定而忙碌著。上任後,他還立下了一個奇怪的規定:自己身為國家元首,是全國人民的公僕,生活水準一定要低於每一位國民。

穆希卡絕非說說而已,兩年來,他一直恪守著自己的諾言,上任後,他把月薪的九成捐給了遊民救助基金。他說:「剩下的夠我用了,如果有這麼多人民連這數目都賺不到,我怎能說不夠呢?」

為了節省資金,穆希卡拒絕遷入總統官邸,他更拒絕了隨扈和防彈轎車接送,而是自己每天開著車齡25年的「金龜車」上下班。事實上,拉丁美洲的總統們對穆希卡的「貧窮」早已司空見慣,對他們來說,和穆希卡一同出現在國際會議上簡直令人坐立難安。他不帶保安不打領帶,身上找不出一件名牌精品,他甚至從來不飲用品牌瓶裝水,只是用自己隨身帶的杯子喝白開水。

2012年,這位老兵出身的總統公布了自己的家產:1987年的福斯金龜車一輛,拖拉機一臺,花園一座,月薪11,000美金,他只留1,500美金,其餘的全部捐獻。

穆希卡的家產一經公布,立刻當之無愧地成了世界最窮

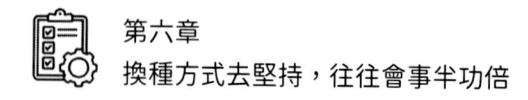

第六章
換種方式去堅持，往往會事半功倍

國家元首。對於這個稱號，穆希卡非常坦然地回應說：「我不窮，說我窮的人才是真窮。說我只有幾樣東西也沒錯，但儉樸卻使我覺得非常富足。」

穆希卡的話語樸實而真誠，就像他的為人一樣。這個貧窮的老人被烏拉圭國民稱為國家最寶貴的財富，因為有了他，烏拉圭人民才終於找到了保障，在他的帶領下，國家經濟情況正在一點一滴進步，人民生活水準也在逐步提高。與此同時，穆希卡也打動了全世界，在一份全球民意調查中，善良而貧窮的穆希卡當之無愧地成了世界上最受歡迎的總統之一。

「抱怨」的妙用

我有一個同事,每天無論上班還是下班,只要一開啟話匣子,總是有無窮無盡的抱怨,大到公司分房子,小到公司分橘子,也不管自己是占了便宜還是吃了虧,他總能找出一大堆不滿的理由。他旁徵博引口若懸河,不把你說到附和他的觀點絕不罷休。

其實這個同事本質並不壞,工作能力也不錯,頭腦挺聰明的,但因為這個抱怨的毛病,工作十多年了一直不受重用,至今也只是一個小小的科員。有時候同事們說起來都覺得挺惋惜的,上級說起他來,也是不斷地搖頭,說他這輩子就栽在「抱怨」二字上了。

可是沒想到,有一天,他不僅沒栽在「抱怨」二字上,反而成在愛抱怨這毛病上了,說起來,這事還多虧了我。那一天,我因為家裡的瑣事心情不太好,剛到公司,這位同事又一把拉住我開始抱怨,我實在不耐煩了,忍不住大吼了一聲:「老是抱怨這抱怨那,沒頭沒尾的,你煩不煩啊?有這精神,你怎麼不想想怎麼讓這些事不讓你抱怨啊!這抱怨也要抱怨得有點水準嘛!」

第六章
換種方式去堅持，往往會事半功倍

話一說出口我就有點後悔了，想說兩句話緩和一下氣氛，一時也不知該說什麼。可沒想到說者無心，聽者卻留了意。同事閉上嘴若有所思，過了一會兒，他很堅定地對我說：「謝謝你了，你說的很對，我是得學學怎麼抱怨得有水準了。」

他竟然真的下了功夫，把自己的一些抱怨整理成冊，精心分析，細細梳理，針對其中引起抱怨的部分提出了很多切實可行的方案，他把這些方案拿給上級和相關部門看，竟然有不少被採納了。漸漸地，上級對他的印象改觀了，同事們看他的眼神也不一樣了。

不久，他被上級委以重任，擔任我們廠裡的品管組長。在試用期，他憑著一股不服輸的精神，硬是解決了廠裡幾個多年無法解決的難題。但他抱怨的毛病是一點也沒改，只是抱怨得更有水準了，不只是學會發現問題，更是學會下功夫去解決問題了。

前幾天，我又遇到了他，說起他的抱怨，他不好意思地笑了，他說：「我現在一天到晚忙個不停，不過啊，我這抱怨還真是越來越少了，一個原因是過去很多反覆抱怨的問題現在都不存在了，都被我解決了；還有一個原因嘛，是抱怨的水準提高了，一般的小問題我一發現就解決了，根本就抱怨不起來。現在啊，如果廠裡員工不超過十人以上抱怨的事，我還真懶得管呢！」

最好的獵手

山腳下的村子裡有一位老獵手,是方圓百里公認的最好的獵手。他若到荒山或野外轉上一圈,一定能滿載而歸,而其他的獵手雖然苦練槍法、刀法,苦思獵物的行動規律,甚至成群結夥共同圍獵,可捕到的獵物還是遠遠比不上這位老獵手。

有人問過老獵手,可老人卻一言不發,有人想跟老獵手一起捕獵,老獵手卻一看有人同去,立刻回家不出門了。時間久了,各種流言四起,有人說這位老獵手會法術,有人說老獵手懂得禽言獸語,有人乾脆就說這老獵手就是一隻成精的野獸。

關於老獵手的傳說越傳越邪門。縣城裡有個年輕人卻不信這些,他來到村子,決心要找出真相。他選擇了另一種方法——跟蹤老獵人。只不過,想跟蹤這位有著豐富經驗的獵手絕非易事,以前就有很多人因為跟蹤被老人發現而被痛罵訓斥過,年輕人為了跟蹤成功,拿出了他的看家本領——蹲守。

老人每年只出獵十二次,一個月出獵一次,每次只捕能

第六章
換種方式去堅持，往往會事半功倍

維持一個月生活的獵物，年輕人沒有等老人出獵時才開始跟蹤蹲守，而是從老人的日常起居便開始跟蹤，只要老人經常去的地方，年輕人就提前蹲守，一動不動，老人不走遠絕不現身。就這樣，每一處老人去過的地方年輕人都蹲守過十來次，終於發現了老人的與眾不同之處。

原來，老人每天都會去山上或是野外閒逛，在確認四周無人尾隨之後，老人便會假裝成各式各樣的動物，有大山羊，小水牛，也有野驢野馬。更令人瞠目結舌的是，有一次，老人居然偽裝成了一隻山雞，他將一簇鮮豔的羽毛放在頭頂，藏在一叢高高的野草後面，遠遠看去，還真的像是一隻山雞。

年輕人恍然大悟，也終於明白了老獵手捕獵的祕密，明白了老獵手為什麼從不與他人一起去捕獵，甚至在打聽到有其他獵手在這片獵區活動便立刻離開了。原來，老獵手是偽裝成了那些人畜無害的獵物，以此吸引獵物的出現，然後一擊必殺，而他之所以要事先打聽有沒有人在這個地方打獵，是怕被別的獵人誤傷。

年輕人得知了老獵手的祕密，沒有點破，他似有所悟之後便回到了縣城，開始了他的創業之旅。十年之後，年輕人成了縣城首富，並把生意做到了省城裡。

其實，年輕人成功的祕訣和老獵手一樣，商場如戰場，

也是一種獵手與獵物之間的鬥智鬥勇。

最好的獵手,永遠都是以獵物的姿態出現,唯有如此,真正的獵物才會被利益所迷,才會只想著怎麼捕捉獵物,從而會忽略了自身所處的險境,在一心求利之時反而被對方秒殺,讓對方成了最厲害的獵手。

捕獵者如此,生意場如此,人生也是如此。

第六章
換種方式去堅持，往往會事半功倍

推銷生命的天使

澳洲雪梨有一處叫做「The Gap」（斷魂谷）的懸崖，之所以替它取這樣一個名字，除了其高達近三百公尺的落差，更有一種引申意義，即跳下懸崖，必將有死無生，生死的距離就在崖頂的縱身一躍。事實上，這處陡峭的懸崖一直以來就像磁鐵般吸引著對生活絕望的人們，很多人選擇到此處輕生，它被譽為自殺「聖地」。

1964年，38歲的唐‧里奇（Donald Taylor Ritchie）來到懸崖附近的小鎮定居。在第二次世界大戰期間，里奇曾是澳洲皇家海軍的一名隊員，大戰結束後，里奇回到雪梨進入了一家人壽保險公司，以推銷保險為生。

里奇的家距離懸崖很近，每天，透過窗戶，他能清晰地看到懸崖頂的事物。1966年3月的一天清晨，里奇剛剛打開窗子，就看到了令他終生難忘的一幕，一個年輕男人在懸崖邊張開雙手縱身一躍，大叫著落下了懸崖，一條鮮活的生命消失了。目睹這一切的里奇震驚不已。經歷過戰爭的殘酷，里奇格外珍視生命，正因如此，他才選擇了一份推銷保險的工作，藉以勸解他人要珍愛生命，可是，親眼看見的自殺一

幕卻讓他難以釋懷。經過兩天的思考，他決定，開展一項沒有任何薪水卻能獲得「高額」的心靈回報的業務——推銷生命。

從那以後，里奇注意觀察懸崖，每當發現有人想自殺，他就會走到他們身邊，平靜地跟他們談話。在懸崖邊，他會微笑著問他們：「我能幫到你嗎？」大部分情況下，他平靜的語氣是能產生作用的，但有時候也會遇到難以想像的危險。

1983年11月的一天深夜，里奇發現一位身材高大的年輕人正站在懸崖邊上，他立刻打著手電筒走上懸崖，沒想到，見到有人上崖，年輕人突然縱身一躍跳了下去，千鈞一髮之際，里奇快步上前一把抓住了那人的右腳，一瞬間，巨大的重量幾乎將里奇帶著一起墜下懸崖，幸好他隨身帶著繩索，危急時刻扔出繩索套住了懸崖頂的一棵樹，兩人才沒掉落。

令里奇始料未及的是，獲救後年輕人仍然堅持尋死，里奇對他說：「請再等一個星期，一個星期後，一切都會改變的。」最終，年輕人同意了里奇的建議，隨後，里奇邀請他去家中做客，兩人一起喝茶、聊天。里奇對他講了很多戰爭中自己的生死經歷，還講述了自己在懸崖頂推銷生命的理想。一個星期後，年輕人打消了自殺的念頭，並向里奇坦白了自己的身分。原來，這個年輕人竟然是一名逃犯，因為無

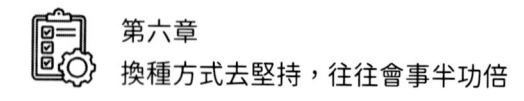

第六章
換種方式去堅持，往往會事半功倍

路可逃才選擇了自殺，隨後，里奇陪他去警察局自首。

從 1966 年到 2012 年，46 年來，里奇已經成功勸下 160 名試圖自殺的人，這些人都成了他的朋友，里奇也因為自己的善舉而贏得了「斷魂谷天使」的稱號。

里奇說：「我的目的一直都很簡單，我只想把這些人從懸崖邊帶回來，給他們更多的時間，給他們反思的機會，讓他們能夠領悟原來事情並沒有那麼糟糕。我想，只需伸出援助之手，就能令輕生者改變主意，他們不會拒絕善意的言辭和微笑。要知道，我大半生都是一個保險業務員，現在，我要做的就是向試圖輕生者推銷生命。」2012 年 5 月，86 歲的里奇去世了，整個澳洲對他進行了哀悼，在他挽救了 160 條生命的懸崖上，立起了他的雕像，雕像前的石碑上刻著「唐·里奇──推銷生命的天使」。

寬廣的胸懷最細緻

近年來,華語文學界最大的事件無疑就是作家莫言獲得了 2012 年度諾貝爾文學獎,一時間,各種言論也甚囂塵上,莫言被推上風口浪尖。面對無數的關注,莫言卻在記者會上表示,希望這股熱潮盡快過去,因為如果不是獲獎,也許這個時候他正在伏案讀書。

一句話道出了作家真實的內心,原來,在他心裡,獲獎並非人們想像中那麼重要,開記者會是因為「不堪其擾」,一併回答了所有關注者的問題,這樣才能回歸理想的生活,用讀書的時間來開記者會顯然是不得已而為之。整個記者會上,莫言始終語速緩慢,態度謙虛客氣,沒有一點大師的架子。

要淡然消化世人追求的榮光與成就,這顯然需要寬廣的胸懷,而選擇一種合適的方式做好這一切,則需要一顆細緻的心靈。毫無疑問,莫言選擇了一種既照顧外界關注,又保護內心需求的方式,拋開他在文學上的修養與成就,這份為人處世的原則才是值得我們尊重與學習的地方。

我有一位老師,數十年來桃李遍天下,取得過數十項教

第六章
換種方式去堅持，往往會事半功倍

研成果，但是，他最為人稱道的卻不是這些成績，而是學校曾多次要將他提拔到管理職位，都被他婉言拒絕了。

他的這一舉動曾經在學校裡引發了許多爭議，有人說他高風亮節不求名利，有人說他故作姿態裝模作樣，有人說他腳踏實地一步一個腳印，有人則說他這樣做是引導學生不求上進誤人子弟……一時間，他在眾人口中變得褒貶不一。

令人驚奇的是，所有的言論無論好壞，這位老師一直沒有開口回應，有人當面問起，他也只是微微一笑不置可否。後來，關於他的爭議漸漸平息了下來，他依然安靜地教學，研究課題，又獲得了許多成績和榮譽，當然，也又多次拒絕了學校裡的提拔。

前不久，他從教師的職位上退休了，在一次聚會上，白髮蒼蒼卻精神矍鑠的他終於開口談了這個問題，他說：「其實，所有人關於我的議論我都聽到了，但是我實在是不願回應，我知道，不論我說什麼，立刻就會引起更大的爭議，這件事會變得無休無止，我還怎麼教學生？怎麼做學問？所以我就閉了嘴。大家說我愚鈍也好，說我膽怯也罷，至少會認為我不是個讓人惱火的人。其實，我不願當官的原因很簡單，因為我覺得教學生很快樂，做研究很充實，這才是我的價值所在。」他的一席話立刻引起了一片掌聲。

事實上,這番話背後,體現的正是他寬廣的胸懷,同時,這份胸懷又非常細緻,觸覺敏銳,卻又洞悉是非,只有這樣,才能作出最正確的判斷,選擇最正確的方式來面對。在這一點上,這位老師與莫言先生其實並無二致。

我想,正是這份寬廣且細緻的胸懷才成就了莫言,也成就了千千萬萬努力耕耘在理想道路上的人們,而這,正是我們每個人應當學習的地方。

第六章
換種方式去堅持,往往會事半功倍

楊絳的至簡人生

2016年5月25日,105歲的楊絳先生離開了人世,令人無限傷感。但回首先生一生,卻發現,她的105載歲月幾乎是極致的簡單與從容,像一條筆直的線,沒有濃墨重彩,沒有曲折離奇,卻是那樣的鮮明與深刻,令人肅然起敬。

少年時受過良好的教育,品德與才情均是上上之選,後嫁錢鍾書為妻,甘心為這「文學的王者,生活的孩子」打點柴米油鹽,照顧老人幼女,甘心將滿滿的才情放置角落,做他口中「最賢的妻最才的女」,直至先生與女兒都離開人世,「我們仨」變成了孤身一人,楊絳先生才重拾起那凝重的筆,將一生的才情訴諸筆端,完成了一部又一部令人百讀不厭的著作。

百年人生,楊絳平靜地度過每一天,無論對任何人都謙遜有禮,做每一件事都認真而從容,因此,她才能在親人逝去孤身一人時,把日子仍然過得豐盈而灑脫,即便離開人世的那刻,也是如此平靜而簡單,不顯一絲突兀與匆促。

百年感悟,楊絳悟得了許多樸素之極的道理,卻從未故作高深,只是淡淡地把它們說了出來,讓所有人都能聽懂悟

透,讓每個人都能感受到一點小小的頓悟,無論是情感至深卻無痕,還是人生至簡則無敵,都讓這位百歲老人描述得心平氣和波瀾不驚,卻讓每個聽到的讀到的人都頓感醍醐灌頂。

楊絳先生很少在大眾面前侃侃而談,即便偶爾在媒體中露面,談論的也多是些家長裡短,每句話每個字都似乎斟酌良久,但是,正是這溪水般清澈的話語,卻在不經意間洗滌了眾多浮躁的心靈。楊絳的著作不多,卻能激起所有人的共鳴,即便只是日記般的寥寥數語,也總是透著一股子甘甜清冽,令人神清氣爽回味良久。

或許,這便是楊絳先生告訴世人的大道至簡的道理吧。高貴的生命從來不是高高在上的俯瞰眾生,而是陋室素衣簡樸從容,拋開了名利的紛擾,找到了情感的寄託,心靈自然也會變得豐盈起來,而人生,也會因為簡單而從容,因為平凡而雋永。

第六章
換種方式去堅持，往往會事半功倍

吳佩孚的才情與個性

身為首位榮登美國《時代》週刊的中國人，吳佩孚的歷史地位舉足輕重，這位聞名遐邇的武將，不僅具有揮斥方遒的豪邁，更有一身笑看風流的才情。

他被稱為「三不」大將：其一，不借外債。吳佩孚一生都沒有向外國人借過一分錢。其二，不入租界。1924 年，吳佩孚敗給了張作霖和馮玉祥，部下勸他到租界裡躲躲，他不聽；1937 年，日本占領北京，有人勸他搬進天津租界，他依然不去。其三，不納小妾。吳佩孚的髮妻張佩蘭是一個店鋪老闆的女兒，兩人結婚時吳佩孚還是一個破落的窮秀才，後來吳佩孚輝煌後，始終不肯拋棄糟糠之妻，更難能可貴的是，兩人無子女，其妻勸他納一小妾，不要斷了吳家香火，但他卻始終不從。

「三不」展示了吳佩孚的個性，但他絕不是簡單的一介武夫，恰恰相反，他是北洋軍閥中少有的秀才，他留下的四字批文言簡意賅獨樹一幟，從中可以看出他的不凡才情。

吳佩孚的同學王兆中前來依附，吳佩孚給了個上校副官，但王兆中不滿足，要求到河南當縣長。吳批了個「豫民

何辜?」意思是河南老百姓有什麼過錯,竟要這樣的人來當官?擺明因他當官而帶來的禍害,因為為官一任,可造福一方,也可禍害一方,吳佩孚不買同學的帳,也不用官話套話擋駕,以老百姓的利益為由凜然拒絕,義正詞嚴。不料原件發還後,王兆中居然不識時務,又夢想當旅長:「願提一旅之師討平兩廣,將來報捷洛陽,釋甲歸田,以種樹自娛。」吳大帥直接批覆:「且去種樹。」

1921年4月21日,來自德國的露娜小姐在洛陽見到了吳佩孚,一見傾情,回去之後,露娜小姐對吳大帥下了「最後通牒」:「吳大帥,我愛你,你愛我嗎?」吳佩孚看後大笑不止,提筆在原信上批了四個大字「老妻尚在」,然後命人送還給了露娜小姐。

吳佩孚的這三個批示言簡意賅,十分幽默,也頗有文采,那秀才功名看來是貨真價實的。

其實,他最令後人稱道的不是這四字批文,也不是那三「不」,而是另一「不」——不當漢奸。

吳佩孚一直是日本人拉攏的重點。早在他1924年戰敗時,日本人就表示要出錢幫他東山再起,吳佩孚當時就拒絕了:「這是中國人自己的事,不用外人插手。」1937年北京被占領了,日本人要其出山,但吳佩孚表示,日本人不撤兵就不從政,並說:「我文天祥還是做得了的。」1938年,汪

第六章
換種方式去堅持，往往會事半功倍

精衛投敵後，日本人又指定了「汪吳計畫」，並派汪精衛找他協商事宜，吳佩孚找了各種藉口，就是不和汪精衛見面，並捎信對汪精衛說：「公果能再回重慶，通電往來可也。」日本人無奈之下出了陰招，他們在北京為吳佩孚安排了一次記者招待會，並提前自擬了「吳氏對時局的意見」並將列印稿給各國記者，內容十分不堪。吳佩孚發現不對，立刻推翻該文，現場提出：「中日和平，唯有三個先決條件：一、日本無條件自華北撤兵；二、「中華民國」應保持領土和主權之完整；三、日本應以國民政府為全面議和交涉對手。」

惱怒的日本人終於絕望了，他們意識到，吳佩孚是不會屈服了，於是便藉替他醫病之機殺害了他。吳佩孚之死，在北平引起轟動，他出殯的那一天，北京萬人空巷，從東口大街一直到神路街口，密密層層，排滿了人群，都是自願為吳佩孚送行的老百姓。

谷底決定高度

　　1982年，54歲的他不顧家人反對，放棄了在韓國穩定的教師工作，來到美國矽谷創業，註冊了一家多媒體系統公司。天真的他認為新產品的開發最多只需要9到12個月的時間，投入最多在50萬到100萬美金之間，但事實上，新產品的開發一直到三年之後仍然進展緩慢。

　　他申請風險投資，但風險投資公司以這樣的理由拒絕了他：「在矽谷，連猴子（指高級工程師）都有可能從樹上掉下來，何況你連猴子都不是。」在他們眼中，年屆六旬的他根本沒有投資價值，既不是工程師，也不懂高科技，又沒有資深的商業經歷。誰會相信一個普通的韓國老師能夠在矽谷創造奇蹟呢？

　　1985年，他的財產迅速縮水，所有信用卡都被銀行收回，他甚至淪落到沒有飯吃的地步，不得不靠拾撿雜貨店扔掉的大白菜充飢，恰在此時，妻子向他提出了離婚。一般人遇到這種情況肯定會放棄這個失敗的生意，但是他沒有，他賣掉了所有東西，孤注一擲進行產品開發。

　　1987年，他的公司在破產邊緣搖搖欲墜，千鈞一髮之

第六章
換種方式去堅持，往往會事半功倍

際，他的新產品終於開發成功。產品推出後他有了喘息之機，而且他也成了一名能夠自保的小商人。這時候一般人都會選擇小心度日安度晚年，但是，1993年，65歲的他再次做出了年輕人才能做的事，他果斷改變了商業模式，開始專注於多媒體和影像，這一次他獲得了巨大成功，很快，IBM指定他為正式的商務合作夥伴和硬體供應商。1996年，他的公司上市，他賣掉了30%股份，成為一個身價數千萬美元的富翁。這時候，他已經68歲了，孤身一人打拚了整整14個年頭，14年裡，他每天都從早上7點一直工作到晚上11點，同事都稱他為「7-11先生」。

2010年，81歲的他仍然不斷嘗試挑戰。他創立了一家風險投資公司，同時成立了基金會，資助各種學術活動和文化機構。他向舊金山的「亞洲藝術館」捐贈了1,500萬美元，該館董事會決定將主題館以他的名字命名，這也是美國公共建築第一次出現亞洲人的名字。風燭殘年的他也重拾了自己的教學生涯，擔任史丹佛大學的顧問教授，他也沒有忘記自己的國家，在韓國高級科技學院建立了「科學家創業中心」。

問他是如何走出谷底的，他引用了《孫子兵法》裡的說法：「如果你打100次仗，你怎麼可能贏100次？第一流的人總是不戰而屈人之兵。」這句話是他一生的準則。在他幾乎想自殺的日子裡，周圍總是有人幫助他，因而他也希望自己

最終會對別人有幫助。

他叫李鍾孟,鑽石多媒體系統公司董事會主席。今天,他一手建立的鑽石多媒體系統已成為美國第一的 PC 影像加速器製造公司,無論是市場占有率還是年收入都名列第一,IBM 和蘋果這樣的 PC 大廠都是他的客戶。

經歷了谷底再攀到高峰,他這樣解釋自己的成功:「一個企業家需要隨時準備好面對各式各樣的對手,需要經歷艱苦的抗爭,需要勇氣和永不放棄的精神,需要堅定不移地在所有障礙賽中取勝,事實上,正是那些困難激勵著我不斷前行,而正是那些人生谷底決定了我現在所達到的高度。」

第六章
換種方式去堅持，往往會事半功倍

甘作「鬥犬」的大人物

1825年7月26日，湯瑪斯出生在英國一個教師家庭。因為家境貧寒，12歲時，湯瑪斯離開了學校，但他憑藉自己的勤奮，靠自學考進了醫學院，並在畢業後進入礦物學院擔任了地質學教授一職。

1859年11月3日，達爾文的科學著作《物種起源》出版了。這本觀點新奇、內容獨特的著作一出版，立即在英國掀起軒然大波。有些人興高采烈，拍手稱讚；有些人惱羞成怒，暴跳如雷；更多的人則把它當成奇聞傳說，到處宣揚。此時在英國科學界已獲得一定聲望的湯瑪斯以極大的興趣，一口氣讀完了這本書。他認為，儘管書中的某些細節還有待繼續研究與探討，但通篇而論，這部論著有著極寶貴的價值，是一本劃時代的傑作，它必將引起一場科學思想的革命。

興奮的湯瑪斯立刻寫信給達爾文，告訴他自己將全力以赴地投入這場捍衛科學思想的大論戰中去。他在信中說：「為了自然選擇的原理，我準備接受火刑，我正在磨利牙爪，以備來保衛這一高貴的著作。」

很快,湯瑪斯公開並鄭重地宣布:「我是達爾文的鬥犬。」

1860年6月30日,進化論大論戰的第一個回合在牛津大學面對面地展開了。以湯瑪斯為首的支持者為一方,大主教威伯福士率領的教會人士和保守學者為另一方,面對威伯福士的惡毒攻擊和挑釁責難,湯瑪斯鎮定自若,他首先用平靜、堅定、通俗易懂的語言,簡要地宣傳了進化論的內容,然後辛辣尖銳地批駁了大主教的一派胡言,回敬了他的無恥挑釁。威伯福士聽得臉色鐵青,自知在這場辯論中已敗於湯瑪斯,只得灰溜溜地提前退出會場。

但是,戰鬥遠沒有結束。在為宣傳進化論而進行的幾十年的奮鬥中,湯瑪斯一直站在抗爭的最前線,充當了捍衛真理的「鬥犬」。後世的人們如此評價,如果說進化論是達爾文的蛋,那麼,孵化它的就是湯瑪斯。

實際上,湯瑪斯的貢獻遠不止於此,他的一生都在不停地追逐與探索中度過。他的鉅著《天演論》奠定了現代生物學的基礎,以他名字命名的獎章更是國際人類學的最高學術榮譽獎[01]。

湯瑪斯說,時間最不偏私,給任何人都是二十四小時;

---

[01] 赫胥黎是英國著名的博物學家,是第一個提出人類起源問題的學者。赫胥黎紀念獎章是英國皇家人類學會為紀念這位人類學家於1900年設定的。

第六章
換種方式去堅持，往往會事半功倍

時間也是偏私的，給任何人都不是二十四小時，只有充滿著歡樂與抗爭精神的人們，才能永遠帶著歡樂歡迎雷霆與陽光。

因為這樣的人生信條，時間給予了湯瑪斯多彩的一生，直至他 1895 年逝世。

同一年，一個叫阿道司的男孩在倫敦誕生了，與湯瑪斯不同，他從小受到良好的教育，先後畢業於伊頓公學和牛津大學。但命運還是在他十七歲時展現了殘酷的一面，一次眼疾幾乎讓阿道司視力全失，流光溢彩的生活頓時崩塌，就在這時，阿道司從湯瑪斯的日記本上發現了這一句話。

在學習了盲文後，阿道司開始寫作，並先後創作了許多膾炙人口的小說，其中最具代表性的作品是《美麗新世界》（*Brave New World*），這本科幻小說為他贏得了巨大的聲譽並獲得了文學大獎。在頒獎臺上，他談起了那句著名的話：時間最不偏私，給任何人都是二十四小時；時間也是偏私的，給任何人都不是二十四小時，只有充滿著歡樂與抗爭精神的人們，才能永遠帶著歡樂歡迎雷霆與陽光。

沒錯，湯瑪斯正是阿道司的祖父，兩人還擁有一個共同的輝煌姓氏——赫胥黎。

世界上最美的書店

2016年1月的一天,法國巴黎的流浪漢林格爾在飢寒交迫下走進了塞納河左岸的一家不起眼的書店,他的本意是想找點免費的水喝,卻不料剛一進店門,便聽到一個美妙的女聲在耳邊響起:「先生您好,歡迎來到莎士比亞書店,這裡的一切都屬於您!」

女服務生的前半句話林格爾早已司空見慣,可最後一句話卻讓林格爾吃了一驚,難道這家書店是個慈善家開的?竟然說這裡所有的一切都屬於顧客。

林格爾不好意思地說:「對不起,我只是想來喝點水,當然,如果還能有些免費食物的話,我也希望能要一些,因為,我已經一天沒吃飯了。」

令林格爾大吃一驚的是,接下來,他竟然真的在這家書店吃上了美味的食物,而且,服務生還告訴他,如果他願意,還可以在店中免費住宿,而書店唯一要求他做的,就是要每天讀完一本書,並寫下讀後感。

當林格爾讀完一本服務生推薦的書,並且寫下整整一頁的讀後感之後,他竟然淚流滿面。他竟然從書中找到了久違

第六章
換種方式去堅持，往往會事半功倍

的人生樂趣，找到了那個曾經熱愛讀書對生活充滿希望的自己，他決定，要留在這家書店工作與生活。

林格爾並不是這家書店收留的唯一流浪漢，事實上，這家書店已經開了 65 年了，早在二戰結束後的 1951 年，這家書店便已經開業了，而且，美國傳奇作家歐內斯特·海明威（Ernest Hemingway）和愛爾蘭作家詹姆斯·喬伊斯（James Joyce）等人都曾是這家書店的顧客，他們都曾經受到過書店的恩賜，也曾盡其所能無私地回饋過書店。

林格爾在書店生活了半年之久，由於他努力讀書並工作，他學到了安身立命的本事，並找到了一份體面的工作。如今，林格爾雖然離開了書店，但他仍然會定期回到書店，看那些喜愛的書籍，並盡力資助書店。

書店現任老闆叫西爾維婭·惠特曼，她告訴林格爾，自開業至今，書店已經接待超過了 3 萬人，像林格爾這樣的流浪漢早已不計其數。書店歡迎來臨的所有人，顧客可以在書店裡吃飯、留宿，晚上可以睡在書架之間擺放的小床上住宿，書店可以同時留宿 6 個人，而作為交換條件，他們只需要寫張一頁紙的自我介紹，每天必須讀完一本書並留下感想。後來，這些人大部分都在書店獲得了自己的新生，在離開書店後過上了自食其力的生活，而且，很多人還走上了作家之路，把自己的人生經歷寫成了書。每個週一晚上，書店

會為已有作品出版的作家免費舉辦讀書會,傳播正能量。

　　如今,「莎士比亞」書店已成為塞納河左岸的文化地標,老闆惠特曼專門出版了一本書店的傳記,講述它的傳奇歷史。看過此書的讀者無不驚嘆,紛紛稱讚這樣的書店才是「世界上最美的書店」,因為,它真正還原了書籍存在的價值與本質,那就是,無私的愛和給予。

第六章
換種方式去堅持，往往會事半功倍

清洗海洋的少年

20 歲的荷蘭少年史萊特（Boyan Slat）擁有一個偉大的夢想：還蔚藍於海洋，將海洋中無盡的垃圾清洗乾淨。

這個夢想源於史萊特 17 歲時的一次海邊遊歷，當時，他發現曾經蔚藍的海洋已被花花綠綠的垃圾所占據，海風中也夾雜著令人作嘔的異味，對於熱愛大自然的史萊特而言，這一幕簡直怵目驚心。他想，對於這顆蔚藍色的星球而言，覆蓋地球 71% 面積的海洋就是它的代表，可是，日益嚴重的海洋汙染卻讓美麗的家園漸漸變成垃圾場，這是任何一個地球人都無法容忍的事情。

熱愛科學的史萊特很快便想到一個辦法：與其浪費燃料駕駛清理船隻追著垃圾跑，不如讓垃圾自己跑進收集設備。他想到，由於洋流的循環作用，海面上漂浮的垃圾會聚到某一處，只要在旋轉潮汐處裝上一個巨大的浮動壁壘，就可以輕易地將廢棄塑膠垃圾收集起來。

想到辦法的史萊特興奮異常，但當他把這個想法告訴身邊的人時，幾乎所有人都不以為然地說：「史萊特，這是不可能實現的，很早之前就有人提過這種想法了，可你知道海洋

有多大嗎？你知道海潮的力量有多大嗎？這是一件根本沒辦法實行的事情，史萊特，你還是繼續認真學習你的學業吧，這件事情就交給科學家們去做吧。」

失望之餘，史萊特卻沒有選擇放棄。他花了 20 歐元做出最初的模型，虛擬出海洋環境，不斷實驗不斷改進，雖然希望渺茫，但他覺得自己必須堅持去做這件事，因為，這不僅僅是一個夢想，這更是一種責任。

為了將夢想繼續下去，史萊特利用網際網路不停地宣傳他的想法，希望得到別人的認可與幫助。網際網路的力量是巨大的，2013 年 3 月 26 日，史萊特的網站突然得到了巨大的關注，一夜之間，成千上萬的人瀏覽了他的網站，來自全世界各地申請做志工的郵件源源不斷地湧進他的信箱，半個月時間他就籌到了 8 萬美元，更有無數人表示願意加入，幫他完成夢想。

2014 年，史萊特的海洋清潔專案工作室正式成立。這是一個 100 人的團隊，其中有 70 人是工程師和科學工作者。他們動手做實驗，研究水質，研究打撈上來的垃圾，並在 2014 年底在夏威夷的海中做了實驗。實驗結果顯示，用史萊特的方法收集海面垃圾，預計用十年時間就可以清理太平洋垃圾帶一半左右的塑膠垃圾，而清理每公斤垃圾的成本是 4.5 歐元，僅為現有清理海洋漂浮物垃圾成本的 3%。

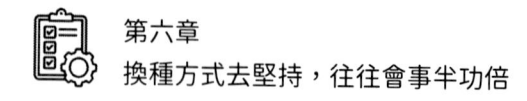

第六章
換種方式去堅持，往往會事半功倍

　　史萊特的計畫是在 2016 年將巨大的浮動壁壘布置在太平洋和大西洋幾處旋轉潮汐的地方，讓廢棄塑膠自動地流入這個結構中。他還計劃將收集的海洋垃圾進行分類再利用，將它們轉化成石油以及其他的產品。

　　少年的夢想正在一步步實現，從最初外界的不以為然到如今的交口稱讚，史萊特顯露出了與年紀不符的成熟，他說：「從我開始這個計畫時，非議的聲音便不絕於耳。我可以跟大多數人一樣選擇放棄，也可以試著去尋找解決方案，而我選擇了後者，並一直繼續了下去，僅此而已。」

清洗海洋的少年

國家圖書館出版品預行編目資料

告別無效努力！什麼樣的「堅持」一文不值？避免無效消耗 × 跳脫錯誤循環 × 專注有價值目標⋯⋯比起全力衝刺，「找對方向」是更重要的事！/ 石兵 著 . -- 第一版 . -- 臺北市 : 財經錢線文化事業有限公司 , 2024.12
面 ； 公分
POD 版
ISBN 978-626-408-105-4(平裝)
1.CST: 自我實現 2.CST: 生活指導 3.CST: 成功法
177.2 113017892

電子書購買

爽讀 APP

告別無效努力！什麼樣的「堅持」一文不值？避免無效消耗 × 跳脫錯誤循環 × 專注有價值目標⋯⋯比起全力衝刺，「找對方向」是更重要的事！

臉書

作　　者：石兵
責任編輯：高惠娟
發 行 人：黃振庭
出 版 者：財經錢線文化事業有限公司
發 行 者：財經錢線文化事業有限公司
E - m a i l：sonbookservice@gmail.com
粉 絲 頁：https://www.facebook.com/sonbookss/
網　　址：https://sonbook.net/
地　　址：台北市中正區重慶南路一段 61 號 8 樓
8F., No.61, Sec. 1, Chongqing S. Rd., Zhongzheng Dist., Taipei City 100, Taiwan
電　　話：(02) 2370-3310　　傳　　真：(02) 2388-1990
印　　刷：京峯數位服務有限公司
律師顧問：廣華律師事務所 張珮琦律師

-版權聲明

本書版權為樂律文化所有授權財經錢線文化事業有限公司獨家發行電子書及紙本書。若有其他相關權利及授權需求請與本公司聯繫。
未經書面許可，不得複製、發行。

定　　價：375 元
發行日期：2024 年 12 月第一版
◎本書以 POD 印製
Design Assets from Freepik.com